Liz Wright und Gretchen Rodriguez

Loved

Eine Entdeckungsreise in das Herz Gottes

SCHLEIFE VERLAG

Titel der Originalausgabe
Loved

1. Auflage 2024

Tel. +41 (0)52 2322424
E-Mail: verlag@schleife.ch
www.schleife.ch

ISBN 978-3-905991-93-2
Bestellnummer 120.198

E-Book ISBN 978-3-905991-96-3
E-Book Bestellnummer 120.198E

Übersetzung: Judith Petri
Umschlaggestaltung: Elke Reichert
Satz: Nils Großbach
Druck: Gustav Winter, Herrnhut

Inhaltsverzeichnis

Vorwort

Es freut mich sehr, Ihnen mit diesem Buch unsere liebe Freundin Liz Wright vorstellen zu können. Als wir uns 2023 zum ersten Mal persönlich begegneten, fühlte es sich an, als wären wir schon ein Leben lang miteinander befreundet gewesen. Liz spiegelt das Einssein mit Jesus in besonderer Weise wider und hilft anderen Menschen, ihm auf einer tieferen Ebene zu begegnen. Es ist ein grosses Vorrecht für uns, dass wir ihr Buch «Loved» ins Deutsche übersetzen konnten, in dem Liz uns Anteil an den kostbaren Schätzen gibt, die sie auf ihrem Weg mit Gott entdeckt hat.

Wenn wir immer tiefer in das Herz Gottes eintauchen und dort einen sicheren Zufluchtsort finden, wird uns bewusst, dass es nichts Befriedigenderes gibt, als mit ihm eins zu sein. Auf meiner eigenen Entdeckungsreise in das Herz Gottes gehörte Liz zu den Menschen, die Jesus mir über den Weg schickte und die eine grosse Ermutigung für mich darstellten.

Ich glaube, dass dieses Buch Sie inspirieren wird, vom «Tun» zum «Sein» zu gelangen, vom Beschäftigtsein zum Erleben seiner Gegenwart, bis die Herz-zu-Herz-Verbindung mit Jesus für Sie oberste Priorität hat. Wenn in unserem Leben Frucht sichtbar wird, weil wir einfach Zeit in seiner Gegenwart verbringen und uns an ihm erfreuen, findet die Suche nach Anerkennung oder auch das fortwährende Bemühen, unsere Bestimmung zu erfüllen, ein Ende. Stattdessen wird sich unser wahres Ich aus der tiefen Gemeinschaft mit ihm und dem Ort der Ruhe entfalten, ohne dass wir uns dabei anstrengen müssen.

In diesen Tagen sind viele Menschen Stress, Furcht und einer ständigen Hektik ausgesetzt. Aus dem Grund ist es unerlässlich, dass wir uns ein Beispiel an Jesus und den früheren Heiligen nehmen, die die Gemeinschaft mit dem Vater, dem Sohn und dem Heiligen Geist suchten und ihr Leben auf die himmlische Dimension ausrichteten. Liz wird Ihnen praktische Anleitungen geben, wie Sie Gott persönlich begegnen können, und es wird Ihnen als Sprungbrett dienen, um fortan regelmässig Momente der Begegnung mit ihm zu erfahren.

Denken wir nur daran, wie die Heiligen der Vorzeit trotz Verfolgung und Widerstand die Gegenwart Jesu auf ihrem Leben trugen. Sie lebten als Einsiedler, schliefen auf Betten aus Stein, sahen sich mit Gefangenschaft und wie Stephanus sogar mit dem Tod durch Steinigung konfrontiert. Doch selbst in diesen schwierigen Umständen wurden sie nicht von Furcht oder Panik ergriffen, denn sie lebten in einer anderen Dimension. Sie waren mit ihrem Gott verbunden und wussten, dass sie selbst der Tempel waren, in dem er wohnte.

Dieses Buch wird Ihnen helfen, sich Ihrer Identität bewusst zu werden und zu erkennen, wem Sie gehören, was zu sichtbaren Veränderungen in jedem Bereich Ihres Lebens führen wird. Mögen Sie beim Lesen Gott von Angesicht zu Angesicht begegnen, Ihre Position in ihm einnehmen und anfangen, hier auf der Erde in der himmlischen Dimension zu leben.

Stephanie Keller
Gesamtleitung Stiftung Schleife

Dank

Gretchen Rodriguez. Dein Herz der Liebe für unseren König kommt durch deine eloquente Sprache zum Ausdruck. Du bist ein kostbares Juwel, eine Frau von grosser Liebe und Reinheit des Herzens. Du bist ein Geschenk für diese Welt. Ich danke dir, dass du mir geholfen hast, die Offenbarungen, die Jesus mir anvertraut hat, gut zu formulieren. Jede Herzensantwort, die du verfasst hast, wird dazu beitragen, dass Menschen verändert werden, während Jesus jeden von ihnen an sein Herz zieht.

Mary King. Dein wunderbares Herz und deine kreativen Fähigkeiten beim Redigieren, Formatieren und Schreiben segnen mich immer wieder neu, und ich sehe täglich seine Liebe und Weisheit in dir. Danke für alles, was du tust, während wir gemeinsam für Jesus kreativ sind.

Susan Wright. Du hörst immer von Gott! Du bist immer da. Deine Liebe und Loyalität, dein Mut und dein Glaube an jeden Menschen, den du liebst, ist lebensverändernd. Ohne dich wäre dieses Buch niemals zustande gekommen. Du bist eine Frau von grosser Schönheit. Danke für all das, was du ständig in uns investierst. Du bist ein Schatz für alle, die das Vorrecht haben, dich Freundin und Schwester nennen zu dürfen.

Meinem geliebten Ehemann, meiner Tochter, meinen Freunden und meiner Familie. Ihr seid der Schatz meines Lebens. Ich bin reich wegen euch.

Unseren Fürbittern, Gründern und der International-Mentoring-Community-Familie. Ich liebe es, mit euch unterwegs zu sein. Ich bin wahrlich gesegnet. Für immer zusammen.

Widmung

Für Jesus,
mein Herz gehört dir.

Einführung

Die Einladung

Der wichtigste Moment in unserem Leben ist der, in dem wir die Liebe Gottes erfahren. Das verändert alles. Während du in die Seiten dieses Buches eintauchst, wird Jesus zu dir sprechen und dir sein Herz offenbaren. Jedes Wort darin ist für dich bestimmt.

Du bist dabei, die wichtigste Entdeckung deines Lebens zu machen: Gott möchte, dass du ihn besser kennenlernst. Du sollst erfahren, was es bedeutet, mit ihm eins zu werden und dir seiner Liebe gewiss zu sein. Auf dieser Entdeckungsreise in das Herz Gottes wird seine Liebe immer mehr zu deiner Stärke werden. Du wirst ihm von Angesicht zu Angesicht und von Herz zu Herz begegnen, was dich unerschütterlich machen wird.

Diese Vertrautheit wird eine neue Zuversicht in seine Treue, Güte und Souveränität in dir erwecken und du wirst dir deines eigenen Wertes bewusst werden. In deinem Herzen werden sich Freude und eine tiefe Zufriedenheit ausbreiten. Eine leidenschaftliche Liebe zu Jesus wird in dir entfacht werden. Dein Inneres wird von Ruhe und Dankbarkeit durchdrungen werden. Dein wahres Selbst wird zum Vorschein kommen, glänzend von Schönheit und Stärke, weil du wachgeküsst und mit seinem göttlichen Wesen ausgestattet wurdest. Du wirst lieben, weil du geliebt bist. Das ist der Moment, in dem sich alles verändert. Es ist dein Moment.

In Liebe
Liz Wright

Tag 1

Heilendes Öl

«Denn ich bin der HERR, der dich heilt»
(2. Mose 15,26).

Jedes Verlangen, das du in deinem Herzen verspürst, ist für den Herrn von Bedeutung. Er sieht jeden Bereich deiner Seele, der sich zerbrochen und gespalten anfühlt. Heute fliesst heilende Gnade in dein Leben hinein. Wo du ein Trauma erlebt, Enttäuschung erlitten oder mit Furcht gekämpft hast, wird das Öl der Liebe Gottes über dir ausgegossen. Dies ist der Moment, in dem du es in Empfang nehmen kannst.

Der Herr lädt dich ein, seine übernatürliche Freiheit zu erfahren. Er sieht dich; er hat deinen Schrei gehört und er antwortet darauf, indem er dir die verändernde Kraft der Wahrheit offenbart. Indem du seine Wahrheiten nicht nur in deinem Verstand, sondern in den Tiefen deines Seins erfasst, erlebst du eine innerliche Neuausrichtung.

Ein Neustart findet statt – eine göttliche Kalibrierung deines Herzens. Du gelangst an den Ort der tiefen Begegnung und Gemeinschaft, wo dein schlafender Glaube durch Offenbarung geweckt wird.

Lass zu, dass die Augen deines Herzens jetzt geöffnet werden. Wenn du ihm von Angesicht zu Angesicht begegnest, wird die Furcht keine Macht mehr über dich haben. An diesem Ort der heiligen Gemeinschaft, wo du dir bewusst bist, dass der grosse «Ich bin» in dir lebt, findet Heilung statt.

Es ist an der Zeit, dass seine Wahrheiten in dir explodieren! Du trägst seine Herrlichkeit, du hast teil an seiner göttlichen Natur, du bist ein Gefäss seines Geistes und ein Tor zwischen Himmel und Erde. Lehne deinen Kopf an seine Brust und höre seine Stimme. Er liebt dich über alles. Alles, was er sich wünscht, ist, dass du ihm glaubst.

Mein Herz antwortet:

Jesus, mehr als alles andere wünsche ich mir, dich von Angesicht zu Angesicht zu sehen und die verändernde Kraft deiner Liebe zu erfahren. Ich trete durch die Tür des Glaubens, die mich in deine Arme führt und deine Verheissungen für mich sichtbar werden lässt. Es ist eine Freude, zu wissen, dass du mich hörst und mich liebst! Ich weiss, ich werde für immer verändert sein, wenn die Kraft deiner Wahrheit mein Herz berührt und meinen schlafenden Glauben weckt.

Danke, dass du die Asche des Leidens weggefegt und etwas Wunderschönes geschaffen hast. Ich spüre, wie dein übernatürlicher Glaube in meinem Herzen entzündet wird und die Furcht ihre Kraft verliert. Ich werde mich nicht länger durch kurzzeitige Ablenkungen verleiten lassen. Mein Blick ist auf dich gerichtet. Du bist mein Heiler.

Wie gesegnet ich bin! Du bringst mich in Einklang mit den Wahrheiten des Himmels. Ich weiss, dass jeder Bereich meines Lebens in das Öl deiner Gegenwart getaucht und durch deine Liebe verändert wird, und ich werde dieses heilsame Salböl auch anderen bringen.

Tag 2

Leuchte!

«Wer ist sie, die aufgeht wie die Morgenröte,
hell wie der Mond,
strahlend wie die Sonne,
herrlich wie ein mächtiges Kriegsheer?»
(Hohelied 6,10; NL).

In jedem Daseinsbereich hat der Schöpfer Autorität. Er hat die Schlüssel, um den unsichtbaren Raum aufzuschliessen. Er ist Gott, der König des Universums, der Erhabene und Majestätische, und er lebt in dir. Der ganze Himmel wartet gespannt darauf, dass du in der dir verliehenen Kraft und Autorität seines Königreiches lebst. Bereits vor Anbeginn der Zeit hat der Vater diesen Moment kommen sehen.

Er ermutigt dich, dir der Wahrheit darüber, wer du in Christus bist, bewusst zu werden. Die Braut, die ihre Identität kennt, wird nichts überwältigen können. Schaue ihn an. Je öfter du das tust, umso besser wirst du verstehen, wie wichtig dein Dasein auf dieser Erde ist.

Gottes Traum ist es, seine Herrlichkeit durch dich sichtbar zu machen. Du sollst leuchten! Eine Schatztruhe sich ständig entfaltender Offenbarungen ist für dich geöffnet. Komm und empfange Wahrheiten, die dich in einen anderen Lebensstil katapultieren werden – einen Lebensstil, der nach oben führt und dich deinen glorreichen König in jeder Situation erkennen lässt. Wenn du seiner Führung folgst und sein Wesen widerspiegelst, wirst du in der Dunkelheit leuchten und die Gefangenen freisetzen. Christus in dir wird offenbar werden und Menschen in die Freiheit bringen. Stimme heute damit überein, wer Gott sagt, dass du bist.

Mein Herz antwortet:

Jesus, alles verändert sich, wenn wir uns von Angesicht zu Angesicht gegenüberstehen. Wenn ich in deine Augen schaue, erwacht Glaube in mir, und Lügen können meine Seele nicht länger beeinflussen. Die Macht der kostbaren Liebe Jesu befreit mich von Furcht und lässt mich singen. Ich bin, wer du sagst, dass ich bin: geliebt, erwählt, ein perfektes Gegenüber für dich. Ich leuchte für dich, hell wie der Mond und strahlend wie die Sonne.

Danke, dass du mich einlädst, die Kraft des kommenden Zeitalters zu schmecken. Danke, dass du mich in deine Gerechtigkeit kleidest und mich mit deiner Herrlichkeit erfüllst. Wenn ich mein Herz auf den Himmel ausrichte, höre ich deine Stimme und kann deiner Führung folgen. Fülle mich, bis ich überfliesse und deine Herrlichkeit durch mein Gesicht und die Worte, die ich spreche, sichtbar wird. Ich will Hand in Hand mit dir gehen und deine Liebe der Welt um mich herum verkünden.

Tag 3

Unser Innenleben

«Sinnt auf das, was droben ist,
nicht auf das, was auf der Erde ist!
Denn ihr seid gestorben,
und euer Leben ist verborgen mit dem Christus in Gott»
(Kolosser 3,2–3).

Jesus möchte uns zurückbringen in die dynamische, überfliessende innere Realität des Lebens im Geist. Unsere Beziehung zu ihm macht es uns möglich, ihm regelmässig zu begegnen. Entscheidend ist, dass wir sensibel sind. Unser Geist, nicht unsere Seele, ist dazu bestimmt, sich seinem Geist unterzuordnen. Das bedeutet, wir müssen uns neu orientieren und unsere Aufmerksamkeit verlagern. Wenn wir lernen, unsere bewusste Wahrnehmung auf unser Einssein mit Jesus auszurichten, beginnt unsere Seele, die Kontrolle zu verlieren, und unser Geist wird gestärkt.

Das Leben des Geistes wird in unserem Inneren erfahren und aufrechterhalten. Wir kultivieren es, indem wir Gottes Gegenwart in jeder Situation praktizieren und unseren Blick auf unseren Geist und Christus in uns richten. Indem wir das tun, lassen wir gedanklich alles los, was in unserer äusseren Welt mit unserer Seele interagiert. Wir geben die Kontrolle auf, erinnern unsere Seele daran, auf ihrer höchsten Stufe zu leben, und schalten um von einer natürlichen Erfahrung zu einer übernatürlichen.

Wenn unser Geist die Leitung hat, wird die Kraft Christi zu unserer Kraft, und unsere Seele wird davon befreit, die bedrückende Last des Lebens zu tragen. Die beste Entscheidung, die wir treffen können, ist, auf Christus zu schauen, der jetzt in uns ist. Wenn wir sanft zu unserer Seele sprechen: «Folge deiner höchsten Bestimmung; schaue auf Jesus in dir», strömt Heilung durch das Tor unseres Geistes und wäscht unsere Emotionen sowie unser zentrales Nervensystem. Wenn ablenkende Gefühle und Gedanken auftauchen, bleiben wir auf Jesus fixiert. Er ist ein Magnet; er ist die Lösung und er zieht uns zu sich selbst.

Mein Herz antwortet:

Herr, du bist ein erstaunlicher Lehrer. Danke, dass du mich in den Wegen der Gnade unterweist und mir zeigst: im Geist zu leben bedeutet einfach, meinen Blick auf dich zu richten. Gerade jetzt gibt meine Seele die falsche Verantwortung ab, alles in Ordnung bringen zu müssen, und atmet erleichtert auf. Deine wohltuende, übernatürliche Liebe heilt jede Kammer meiner Seele. Ich dringe in ein tieferes geistliches Leben vor, wo ich mich entscheide, deine Gegenwart in jeder Situation zu praktizieren, und meiner Seele die Erlaubnis gebe, sich auszuruhen.

Diese neue Realität lässt mein Herz überfliessen mit Freude. Es ist dein Geschenk an mich und ich nehme es von ganzem Herzen an. Mein Herz ist auf dich ausgerichtet; es vertraut dir und ruht in dir. Immer und immer wieder entscheide ich mich für dich. Ich werde auf dich schauen und in meinem Geist deiner Leitung folgen.

Tag 4

Nichts kann uns trennen

«Horch! Ich höre die Stimme meines Geliebten.
Ich weiss, er kommt zu mir –
voller Freude springt er über die Berge,
hüpft über die Hügel, die uns trennen,
um zu mir zu kommen»
(Hohelied 2,8; frei nach «The Passion Translation» aus dem Englischen übersetzt).

Jesus will die Landeplätze des Feindes in unserem Herzen entfernen. Es sind die Bereiche, in denen uns ungeheilte Traumata belasten oder wir von einer angstgetriebenen Selbsterhaltung bestimmt werden. Während du heute die Gegenwart des Herrn geniesst, achte auf schmerzhafte Erinnerungen oder Traumata, die an die Oberfläche kommen, und empfange seine heilende Liebe an der Wurzel dieses Schmerzes. Deine Seele mag sich geschlagen anfühlen, doch Gottes Wort verwandelt dich. Jede Offenbarung, die du empfängst, bewirkt Veränderung in dir.

Diese Erfahrung aus dem Hohelied der Liebe ist für dich. Lass sie für dich real werden. Sage Ja zu Jesus, während er über die Berge springt, die dir das Gefühl gegeben haben, von ihm getrennt zu sein. Er heilt dich. Er blickt in deine Seele, selbst in die dunkelsten Bereiche, und schüttet seine Liebe über dir aus. Das Licht der Welt leuchtet in dein Herz hinein und küsst dich wach.

Während du in den Armen der Gnade ruhst, werden die Landeplätze dieser angstgetriebenen Selbsterhaltung vollständig zerstört. Der Feind ist entwaffnet. Was du erlebst, sind die Auswirkungen des vollendeten Werkes des Kreuzes. Die Macht des Blutes Jesu hat die Macht des Feindes in deinem Leben gebrochen! Freiheit gehört dir.

Mein Herz antwortet:

Ich gehöre dir, Jesus, ich gehöre dir. Mein Gedankenleben, mein Verstand und meine Gefühle gehören nicht dem Feind, sie gehören dir. Jeder Bereich meines Lebens – die Vergangenheit, die Gegenwart und die Zukunft –, alles gehört dir. Du hast gesagt, dass der Feind keine Macht über dich hat, und ich schliesse mich dem an. Deine Gegenwart ist in mir, deshalb kann ich ebenfalls sagen, dass Satan keine Macht über mich hat.

Nicht mehr länger lebe ich, sondern du, Jesus, lebst in mir. Dies ist dein Körper. Der Feind kann ihn nicht in Besitz nehmen, denn dieser Körper ist der Tempel des Heiligen Geistes Gottes, des lebendigen Gottes, für immer und bis in die Ewigkeit.

Derselbe Geist, der dich von den Toten auferweckt hat, pulsiert jetzt in meinem Körper, in meiner Seele und meinem Geist. Ich bin so dankbar, dass ich nicht das Opfer eines besiegten Dämons bin! Ich bin ein Königskind auf Erden, ich bringe Gottes Majestät zum Ausdruck. Danke Jesus, dass mich nichts von dir trennen kann.

Tag 5

Der Klang der Freiheit

Ein prophetisches Wort

«Mach dich auf, meine Freundin, meine Schöne,
und komm mit mir auf die Höhen.
Denn jetzt ist die Zeit, sich aufzumachen
und mit mir davonzulaufen»
(Hohelied 2,13b; frei nach «The Passion Translation»
aus dem Englischen übersetzt)

Ich erwecke alle Schlafenden, ich erwecke die Orte, wo du dich in Kraftlosigkeit hast lullen lassen, wo du abgestumpft und deprimiert warst. Ich bringe den Klang meines Lebens in dir hervor. Wo du das Gefühl hattest, geistlich schwerhörig zu sein, wirst du mich nun hören. Mache dich auf und höre im Glauben hin. Ich befreie dich von Bedrückung und Verzweiflung. Die Frequenz des Himmels ist in dir am Schwingen. Einsamkeit, Isolation und Ablehnung werden buchstäblich von dir abgeschüttelt. Ich setze dich frei.

Du wirst freigesetzt als ein reiner Klang in der grossen Sinfonie des Schöpfers. Dieses Bewusstsein wird heute in dir wachsen. Du wirst besser verstehen, was es bedeutet, mit mir eins zu sein. Mein Leben in dir – das ist dein Klang. Christus in dir, die Hoffnung der Herrlichkeit – das ist deine neue Natur. Der Klang dessen, wer ich bin, steigt in dir auf. Spürst du es? Aus der Tiefe der heiligen Vereinigung mit mir ertönt ein Brüllen, der Klang meiner Kraft und Leidenschaft, der alle Hindernisse in deinem Leben zerschmettert.

Singe mit mir! Brülle mit mir! Freue dich, denn ich bringe dich jetzt hervor! Die Zeit deiner Unfruchtbarkeit ist vorbei. Stimmst du mit mir überein? Wirst du aufhören, immer wieder auf das Negative zu schauen, und deinen Blick stattdessen auf mich richten? Ich habe alles gegeben, um dir meine Liebe zu beweisen. Nimm meine Hand und lass uns gemeinsam zum Klang der Freiheit laufen.

Mein Herz antwortet:

Ja, ich stimme mit dir überein, Jesus! Die Zeit meiner Unfruchtbarkeit ist vorbei. Danke, dass du mich stärkst und mich daran erinnerst, dass meine Umstände unsere Einheit nicht beeinträchtigen können. Ich bin niemals allein. Nichts wird mich trennen von deiner Liebe. Der Klang des neuen Lebens steigt in mir auf, er breitet sich aus und vertreibt alle Bedrückung.

Ich spüre, wie deine Leidenschaft in mir erweckt und mein Glaube neu entzündet wird. Ich lege den Mantel des Zweifels und der Angst ab. Er gehört nicht zu mir. Ich bin in Herrlichkeit gekleidet und ich werde mir mehr und mehr bewusst, wer ich in dir bin. Ich bin stark. Ich bin die Freude deines Herzens und du rufst mir zu, mit dir zu laufen, während du deine Hand sicher um die meine legst. Ich fürchte mich nicht vor dem, was vor mir liegt, denn du bist bei mir.

Tag 6

Die Stärke des Einsseins

«Wer sich aber mit dem Herrn vereint, ist ein Geist mit ihm»
(1. Korinther 6,17; NeÜ).

Der Gedanke, als Kinder des allerhöchsten Gottes von ihm getrennt sein zu können, ist eine Täuschung. Wir sind nicht getrennt; wir sind eins. Die Gnade des Evangeliums von Jesus Christus ist, dass wir aus seiner Kraft heraus in der Realität dieser Einheit leben. Je mehr wir uns auf unser Einssein mit ihm einstellen und daraus leben, desto mehr erfahren wir ihn in allen Umständen.

Hingabe und Vertrauen helfen uns, schneller in diesen Lebensstil zu finden. Anstatt zu versuchen, aus unserer eigenen Kraft zu leben, richten wir unseren Blick immer wieder auf Christus in uns und rufen uns diese heilige Verbundenheit in Erinnerung. Wir lehnen uns innerlich zurück und entscheiden uns für seinen Willen und seine Wege statt für unseren Willen und unsere Wege. Wenn wir die Kontrolle abgeben und uns weigern, ohne ihn in schwierigen Situationen Entscheidungen zu treffen, wird er eingreifen und alles richten.

Je mehr wir uns von unserem Geist leiten lassen, desto eher werden wir merken, wenn unsere Seele versucht, die Kontrolle zu übernehmen. In jeder Situation können wir uns an Christus in uns wenden und ihn fragen, wie er das Ganze sieht. Wir können fragen: «Was willst du in dieser Situation für mich oder durch mich tun, Jesus?» Auf diese Weise werden wir seine Liebe erfahren und sein Leben wird durch uns sichtbar werden. Indem wir unser Einssein mit ihm praktizieren, wird es ganz natürlich für uns werden, und wir werden die Kraft davon erleben.

Mein Herz antwortet:

Ja, Herr! Genau das ist, was ich mir wünsche: Ich möchte in dem ständigen Bewusstsein unserer untrennbaren Einheit leben. Von nun an entscheide ich mich, auf unser Einssein zu achten, sodass nichts und niemand meine Beziehung zu dir zerstören kann. Ich bin nicht schwach. Ich bin keine leichte Beute für den Feind. Du hast mir verheissen, dass ich stark bin, weil wir eins sind! Danke, dass du mich auf wunderbare Weise von den Lügen des Feindes befreit hast.

Ich tauche ein in den Ozean deiner Liebe und bin fasziniert von dir. Wenn ich dich, Jesus, anschaue, sehe ich das Leben mit deinen Augen. Du bist die Kraft meines Herzens und mein Teil für immer. Dein Leben fliesst durch jede Zelle meines Körpers. Nichts kann mich von dir trennen! Keine Waffe, die gegen mich gerichtet ist, wird etwas ausrichten können. In jeder Entscheidung, Versuchung und Prüfung stärkst du mich und leitest mich durch deinen Geist. Unser Einssein hat meinem Herzen wieder Glauben eingehaucht.

Tag 7

Die Realität des Himmels erfahren

«Es gibt einen geheimen Ort,
der reserviert ist für die hingegebenen Liebhaber Gottes
und an dem sie neben ihm sitzen
und er ihnen seine Verheissungen offenbart»
(Psalm 25,14; frei nach «The Passion Translation»
aus dem Englischen übersetzt).

Heute offenbart dir der Herr seine vollkommene Weisheit. Er lädt dich ein, auf eine höhere Ebene zu kommen, wo sich deine Wahrnehmung verändert und du nicht länger irdisch, sondern himmlisch denkst. Das ist der Moment, wo du von Herrlichkeit zu Herrlichkeit verwandelt wirst. Er schenkt dir Gnade, sodass du ihm alles übergeben kannst und er zu deinem Ein und Alles wird.

Wenn du alle Sorgen und Ablenkungen beiseitelegst, wird er dich erfahren lassen, was es bedeutet, dass Christus in dir lebt. Aufgrund der Offenbarung, wer er in dir ist, wirst du in jeder Situation seinen vollkommenen Frieden haben, du wirst mit seinem Sieg rechnen und die Stärke seiner Majestät erleben.

Öffne dein Herz für den Vollkommenen und lerne seine Souveränität und seine unübertreffliche Liebe kennen. Sein Verlangen ist, dass seine Wahrheit und sein Wort für dich erfahrbar werden, während er selbst sich in dich ausgiesst und sich in dir ausbreitet. Aufgrund dessen wirst du nicht mehr länger nur Dinge über ihn wissen, sondern du wirst ihn mit unzweifelhafter Gewissheit erfahren.

Indem du dich darin übst, in dieser neuen Realität zu leben, wird er Denkweisen, die ihm widersprechen, zum Einsturz bringen. Du wirst erleben, wie Jesus jeder Not begegnet und dir seine tiefen Geheimnisse offenbart. Du wirst mit der Welt in Verbindung stehen, während du innerlich in seinen Armen ruhst. Wenn seine Gegenwart dir zur Gewohnheit wird, wirst du alles haben, was du brauchst.

Mein Herz antwortet:

Jesus, das ist mein Wunsch: dich zu kennen und deine Realität in mir zu erfahren – auf eine Weise, die keinen Raum für Zweifel lässt. Und weil ich weiss, dass dies auch dein Wunsch ist, strecke ich mich mit einem glaubensvollen Herzen danach aus, eine neue Offenbarung zu empfangen. Ich danke dir, dass du gekommen bist, um alles, was du bist, in dieses irdene Gefäss hineinzugiessen. Du veränderst meine innere Welt und sensibilisierst mich für deinen heiligen, wunderbaren Geist. Du wirst realer für mich als die Welt um mich herum.

Ich ziehe dich allem anderen vor, was um meine Aufmerksamkeit buhlt, und ich sehne mich danach, dass die himmlische Wirklichkeit meine eigene bestimmt. Während ich in die Glückseligkeit unseres Einsseins eintauche, erkenne ich, wie du mir in jeder Situation Ausrichtung, Weisheit und Gunst schenkst. Jede Denkweise, die mich bisher begrenzt hat, kommt in Einklang mit der Wahrheit darüber, wer du bist. Alles in meinem Leben verändert sich jetzt, weil du mir deine Majestät offenbarst.

Tag 8

Er will uns erscheinen

«...; wer aber mich liebt, wird von meinem Vater geliebt werden; und ich werde ihn lieben und mich selbst ihm offenbaren» (Johannes 14,21).

Die Bedeutung dieser Schriftstelle im hebräischen Urtext ist: «Ich werde mich ihm vollständig offenbaren und ihm persönlich erscheinen.» Der Herr will denen begegnen, die ihn lieben. Ist das nicht grossartig! Es steht im Wort geschrieben! Dein Verlangen, ihn zu sehen und zu kennen, ist ein Verlangen, das Gott in dich hineingelegt hat.

Heute vernichtet Jesus alles in dir, was dagegen gekämpft hat, dass dies deine alltägliche Realität ist. Das bedeutet nicht, dass du jede Minute des Tages eine tiefgehende Begegnung mit ihm haben wirst. Aber ihn zu spüren, ihn zu sehen, ihn zu riechen, ihn zu fühlen und dein Herz von der Wahrheit beflügeln zu lassen, all das sind Aspekte der Begegnung und des Lebens mit Jesus.

Ihm dein Herz immer wieder in Liebe zuzuwenden, hat Kraft! Indem du dich entscheidest, ihn zu lieben, bewegst du dich von Herrlichkeit zu Herrlichkeit. In dieser Haltung der Liebe hast du den Sieg über alles, was sich dir in den Weg stellt; du stehst sicher, weil du dein Herz mit Jesus teilst. Während du in diesem Weinberg der Liebe mit ihm verweilst und ihm deine

Liebe schenkst, wächst das Verlangen, mit ihm zusammen zu sein, mehr und mehr. Das Wort verheisst, dass Jesus dir dann persönlich erscheinen wird. Dies sind nicht meine Worte, es sind seine Worte; es ist sein kostbares und persönliches Versprechen an dich.

Mein Herz antwortet:

Jesus, ich bin überwältigt von dem Versprechen, dich zu sehen und dir zu begegnen! Was wir bis jetzt miteinander erlebt haben, war wunderbar und erstaunlich, aber ich sehne mich nach mehr. Nichts bedeutet mir mehr, als dich zu kennen. Jeden Moment in dieser Realität zu leben, wo ich mir deiner Nähe ständig bewusst bin, ist mein Herzenswunsch.

Ich bin so dankbar, dass du dich nicht vor mir versteckst, sondern mich zärtlich zu dir ziehst und ich mit dir von Angesicht zu Angesicht kommunizieren kann. Deine Gnade hat einen Weg geöffnet, auf dem ich gehen kann, und er führt direkt zu dir. Ich werde mich nicht selbst abmühen. Ich werde einfach deine Hand nehmen und Schritt für Schritt mit dir gehen. Meine Augen sind auf dich gerichtet, Herr. Mein Herz ist auf den Liebhaber meiner Seele gerichtet. Ob du dich in deinem stillen Zuhause in mir offenbarst oder in Herrlichkeit vor mir erscheinst – du bist in jedem Augenblick meine Realität.

Tag 9

Bis aus Lämmern Löwen werden

«Hinter dem HERRN werden sie herziehen;
wie ein Löwe wird er brüllen, ja, er wird brüllen, ...»
(Hosea 11,10).

In einer Vision sah ich Königin Elizabeth in einem beigen Gewand, das Demut symbolisiert; darüber trug sie ein feines Kettenhemd, was für Schutz steht. Sie zog ein riesiges Schwert aus Eichenholz hinter sich her, was davon spricht, dass das Wort Gottes aus uns, die wir «Eichen der Gerechtigkeit» genannt werden (siehe Jesaja 61,3), hervorgeht. An der Seite des Schwertes standen die Worte: «Steht immer wieder auf, bis aus Lämmern Löwen werden.» Erst als ich recherchierte, wurde mir klar, dass dies ein Zitat aus dem Film «Robin Hood» mit Russell Crowe aus dem Jahr 2010 ist.

Genau das ist, was der Vater tut: Er macht aus uns Lämmern Löwen. Wir werden immer kostbare Lämmer sein, die unser Hirte vorsichtig auf seinen Schultern trägt. Aber in uns findet eine grossartige Verwandlung statt. Jesus, als der Löwe aus dem Stamm Juda, als der König und als das Wort, wird in grosser Kraft in unserem Leben sichtbar. Der Vater lehrt uns über unsere uneingeschränkte Autorität.

Wir sind Liebhaber Jesu, die aus dem Einssein und der Intimität mit ihm agieren und völlig sicher in seiner Liebe sind. Von diesem Ort der Ruhe und des Vertrauens in seine Souveränität strahlen wir seine majestätische Kraft aus und stehen auf in dem Wissen, wer wir sind. Egal, was uns begegnet, wir stehen immer wieder auf. Wir schütteln die Lüge ab, dass wir «nicht können» oder «nicht sind», und rufen uns stattdessen in Erinnerung, wer wir sind. Wir sind sein! Wir sind vollkommen gemacht in Christus – und mit lautem Brüllen stimmen wir heute damit überein!

Mein Herz antwortet:

Jesus, mein Herz ist durchtränkt von deiner Liebe, und ich stehe auf, voller Vertrauen und sicher in deiner Liebe. Du bist mein siegreicher König, der jeden Feind besiegt hat. Ich bin überwältigt von Dankbarkeit, weil du mit mir bist, in mir bist und durch mich brüllst. Du lehrst mich, in der Autorität zu stehen, die ich durch dich habe.

Das Verlangen meines Herzens ist es, immer mit dir in Einklang zu stehen. Ob ich Barmherzigkeit demonstrieren oder die Pläne des Feindes zunichtemachen soll, ich möchte mit dir eins sein und das tun, was wir den Vater tun sehen. Ich lebe an dem Ort, der das Epizentrum aller Macht und Autorität ist. Wenn ich dort mit dir kommuniziere, wird Kraft in meinem Leben freigesetzt.

Tag 10

Ich verwandle dich

Ein prophetisches Wort

«Der Herr freut sich über seine treuen Geliebten.
Er krönt sie mit seiner Schönheit und schenkt ihnen den Sieg»
(Psalm 149,4; frei nach «The Passion Translation»
aus dem Englischen übersetzt).

Du bist mein, und ich bin dein. Du bist mein grösster Schatz und ich mache dich zu meiner glorreichen Braut. Ich entferne all die Dinge in deinem Leben, die dir Schaden zugefügt haben. Ich bin dein Heiler und ich umgebe dich mit meiner Kraft. Ich werde Wunder in deinem Leben tun.

Ich sehe dich. Ich sehe in die Tiefen deiner Seele. Schau in meine Augen. Alles, was ich bin, gebe ich dir. Alles, was ich habe, teile ich mit dir. Mein Bund mit dir ist unzerbrechlich. Du bist bei mir sicher. Im Zentrum deines Seins bin ich lebendig und wir sind eins: du in mir und ich in dir. Ich bin, der ich bin. Ich bin alles, was du jemals brauchst. Ich bin das Licht in dir, die Herrlichkeit, die aus dir herausstrahlt.

Vor der Erschaffung der Welt habe ich dich erwählt. Du bist ein Königskind. Es wird sichtbar werden, wer ich in dir und durch dich bin. Aber zuerst sollst du überwältigt werden von dem Wunder darüber, wer ich bin, damit du in Ganzheit leben kannst. Wenn du dann das Wunder unseres Einsseins auslebst und die Schönheit meiner Liebe der Welt widerspiegelst, werden Herzen belebt. Öffne dich mir heute rückhaltlos und erkenne, wer ich in dir bin.

Mein Herz antwortet:

Jesus, ich spüre den Atem des Himmels in meiner Seele. Die staubigen Überreste meiner Minderwertigkeit werden von dem Wind deiner Herrlichkeit weggeblasen. Du verwandelst mich und machst mich ganz. Danke, dass du mich ermutigst, dass du mich so gut kennst, dass du mich auserwählt hast und mich aufrufst, mit dir zu laufen. Wenn ich in deine Augen schaue, verändert die Wahrheit darüber, wer du bist, meine Wahrnehmung und ich kann klar sehen. Hoffnung, unbändige Freude und Glaube sprudeln in mir auf. Ich kann wieder atmen!

Ich bin deine Braut und meine Schönheit entspringt unserer Liebesbeziehung. Du hast mich herrlicher gekleidet als die Engel. Offenbare dich durch mich und strahle aus mir heraus. Ich will andere nicht zu mir ziehen, sondern ich möchte, dass du gesehen wirst und andere Menschen deine Liebe kennenlernen.

Tag 11

Die Feuersäule in uns

«Wer überwindet, den werde ich im Tempel meines Gottes zu einer Säule machen, ...»
(Offenbarung 3,12).

Wir sind unerschütterliche Säulen im Tempel unseres Gottes. Wir stehen fest und wissen, wer wir sind, wenn wir der Herz-zu-Herz-Verbindung mit ihm Priorität geben. Jesus hat uns mit seiner Natur und seiner göttlichen Kraft erfüllt. Seine Leidenschaft brennt in uns, und wir haben den Auftrag, sie in dieser Welt freizusetzen. Indem wir alles werden, was er ist – Liebe, Weisheit, Barmherzigkeit, Macht etc. –, tragen wir dazu bei, dass sich seine Absichten erfüllen.

ER, der eine Feuersäule ist, ist in dir. In dir wohnt eine unerschütterliche Kraft und Autorität. Dein Herz ist zum Allerheiligsten geworden. Deshalb hat der Feind es auf dein Herz abgesehen. Es ist der Ort, an dem Gott, die Quelle deiner Kraft, zu finden ist.

ER, der die vollkommene Autorität ist, sehnt sich danach, dass du an seiner Seite deinen Stand einnimmst. Indem du dir deiner Festigkeit in Christus gewiss bist, wirst du als ein siegreicher Überwinder leben. Gott hat dir die Gnade und die Kraft gegeben, allezeit im Sieg zu leben. Ganz egal, was du durchmachst, wenn du aus seinem göttlichen Leben in dir schöpfst, wirst du dich von einer Stufe der Herrlichkeit zur nächsten bewegen. Du wirst wie eine unerschütterliche Säule stehen und erleben, wie sich sein Ruf durch dich auf der Erde ausbreitet. Es gibt nichts, was der Feind in deinem Leben ausrichten kann, was Gott nicht zu deinem Besten wirken wird, weil du nach seinem Vorsatz berufen bist.

Mein Herz antwortet:

Jesus, du bist die Quelle der Kraft in mir, die Feuersäule, die alle Lügen, die ich geglaubt habe, auslöscht. Indem ich mich auf dich ausrichte, werde ich durch deine Gegenwart gefestigt, Glaube beginnt mich zu erfüllen und dein Sieg wird in meinem Herzen verankert. Danke, dass du in mir Wohnung genommen und diese Wahrheiten in meinem Geist versiegelt hast. Alles, was du bist, bist du auch in mir.

Das Feuer deiner Herrlichkeit verzehrt jede Denkweise, die der Wahrheit über meine Identität widerspricht. Ich stehe jetzt auf in der Autorität, die du mir gegeben hast. Ich bin deine erweckte, strahlende, siegreiche und überwindende Braut. Verherrliche dich durch mich, damit mein Leben dir Ehre bringt und andere deine Liebe erkennen. Du bist der Sieg, der jedes Hindernis in meinem Leben überwunden hat! In Christus bin ich vollkommen gemacht.

Tag 12

Im Fluss leben

«Meine alte Identität wurde mit Christus gekreuzigt
und lebt nicht länger.
Dieses neue Leben gehört nun nicht mehr mir,
denn der Gesalbte lebt sein Leben durch mich – wir sind eins!
Mein neues Leben wird durch den Glauben
an den Sohn Gottes gestärkt, der mich so sehr liebt,
dass er sich selbst für mich hingegeben
und sein Leben in das meine ausgegossen hat!»
(Galater 2,20; frei nach «The Passion Translation»
aus dem Englischen übersetzt).

Unser geistlicher Reichtum in Gott ist wie ein verborgener Schatz, den wir entdecken müssen – auf uns warten himmlische Weisheit und unendliches Offenbarungswissen. So wie du Jesus, unseren Messias, durch den Glauben empfangen hast, gehst du weiter im Glauben voran und entwickelst eine immer tiefere Verbundenheit zu ihm. Der Schlüssel ist, ein Herz zu haben, das auf Gott ausgerichtet und ihm hingegeben ist. Das lässt deine geistlichen Wurzeln tief in ihn hineinreichen. Es ist die Tür, die in die Tiefe führt.

Der Herr hat uns befähigt, in seine Gegenwart einzutauchen und daraus zu leben. Er stimmt unsere Sinne auf den beständigen Fluss seiner Gegenwart ein, damit wir darin verweilen können. Wir können in dem Bewusstsein leben, dass seine Natur Teil von uns ist, und müssen nicht ständig mit horizontalen Beziehungen, Reaktionen und kontrollierter Selbsterhaltung kämpfen.

Die unbändige Kraft der Liebe Jesu löscht alles aus, was uns schaden will. Indem wir die Zeichen seiner Liebe wahrnehmen, werden Negativität und Verhaltensweisen, die uns immer wieder überkommen wollen, im Licht seiner Gegenwart absorbiert. Wenn unser Normalzustand ist, dass wir uns seiner Gegenwart ständig bewusst sind, werden wir erleben, wie Heilung durch uns geschieht und andere seine transformierende Liebe erfahren. Die Verbindung zwischen uns kann nicht unterbrochen werden; sie steht und bleibt aktiv, während wir uns in die Welt um uns herum ausgiessen.

Mein Herz antwortet:

Herr, ich möchte, dass nichts den Fluss deines Geistes in mir und durch mich blockiert. Ich danke dir, dass ich so leben kann, wie du gelebt hast – du hast nichts anderes getan als das, was du den Vater hast tun sehen. Dein herrliches Licht soll mich absorbieren, bis ich nicht mehr länger zu erkennen bin. Wenn Menschen mich anschauen, sollen sie dich sehen, dich hören und von deiner ewigen Liebe berührt werden.

Nimm mein Herz, mein Leben, jeden Traum und jeden Moment meiner Aufmerksamkeit und werde Teil davon. Ich wünsche mir nichts sehnlicher, als in dieser lebensverändernden Offenbarung unseres Einsseins zu leben. Du hast dich in mich ausgegossen, darum sättige mich durch und durch, damit wir gemeinsam den Durst anderer stillen können.

Tag 13

Verflochten mit ihm

«..., doch die, die auf den HERRN warten,
gewinnen neue Kraft.
Sie schwingen sich nach oben wie die Adler.
Sie laufen schnell, ohne zu ermüden.
Sie gehen und werden nicht matt»
(Jesaja 40,31; NL).

Diesen Vers könnte man auch folgendermassen übersetzen: «..., die, die sich mit den Gedanken des Herrn verflechten, gewinnen neue Kraft.» Das hebräische Wort *qavah*, was meist mit «warten» übersetzt wird, bedeutet unter anderem auch «verflechten». In der Strong's Konkordanz heisst es: «zusammenbinden» (vielleicht durch verdrehen). Das ist, was der Herr in seiner Gnade wirkt: Indem wir uns mit seinen Gedanken verflechten, werden wir gestärkt.

Wenn du neue Kraft gewinnen und dich erheben und fliegen willst, wenn du geistlich, körperlich und emotional stark sein und mit einem überfliessenden Leben erfüllt sein willst, dann tue Folgendes: Verflechte dich mit den Gedanken des Herrn. Fixiere dich auf ihn, sodass der grosse «Ich bin» alles ist, was du siehst, woran du denkst und wofür du lebst. Er allein soll dein Verlangen sein. Ihn sollst du in jedem Moment und jeder Situation wahrnehmen.

Während du in seine Augen schaust, wirst du dein Spiegelbild sehen und alles wird sich verändern – dir wird immer mehr bewusst, dass du alles bist, was er ist. Du bist sein Spiegelbild. Seine Natur ist deine Natur. Seine Weisheit ist deine Weisheit. Alles, was er ist – nicht nur ein Teil von ihm, sondern alles, was Jesus ist –, bist auch du in dieser Welt. Bleibe mit ihm verflochten, und du wirst zu einer Kraft werden, die nicht zu stoppen ist.

Mein Herz antwortet:

Herr, ich nehme die Einladung an, mich mit dir zu verflechten. Danach sehne ich mich – dich zu kennen und mit dir eins zu sein. Ich will in dir stehen, wie du in mir stehst, sodass jeder Gedanke von mir mit dir in Einklang ist. Ich möchte mit deinen Augen sehen und mit vollkommener Liebe lieben. Ich möchte mich von dem Wind deines Atems emporheben lassen, wie die Adler es tun, und mich über jedes Hindernis hinwegtragen lassen. Ich danke dir, dass jeder Teil meines Wesens verwandelt wird, wenn ich dich in meinem Leben in den Mittelpunkt stelle.

Jesus, ich will dich lieben und für dich leben, so wie es dir gebührt. Ich will mich mit dir verflechten, sodass alles, was ich bin, von der Realität unserer heiligen Vereinigung überschattet wird. Ich spüre, wie deine überschwängliche Liebe in mich hineinströmt und mein Innerstes mit der Fülle dessen, wer du bist, erfüllt wird. Nichts wünsche ich mir mehr, als jede Sekunde mit dir verflochten zu leben und dich in meinem Innersten wahrzunehmen.

Tag 14

Vom Himmel zur Erde

«Dein Reich komme;
dein Wille geschehe,
wie im Himmel, so auch auf Erden!»
(Matthäus 6,10).

Indem Jesus uns auftrug zu beten: «..., *wie im Himmel, so auch auf Erden*», ermutigte er uns zu sehen, was im Himmel geschieht, um es auf die Erde bringen zu können. Wir sollen davon überzeugt sein, dass es unser Geburtsrecht als Kinder Gottes ist, vom Himmel zur Erde zu leben. Das Blut Jesu befähigt uns dazu. Wenn wir ihm nicht nur ab und an begegnen, sondern ihn wirklich kennen und uns auf ihn einlassen, werden wir Autorität haben. Wenn wir uns in dem positionieren, der in Vollkommenheit regiert, und tun, was wir ihn tun sehen, werden wir wahre Autorität ausüben.

Wir gehörten zu denen, die eine Form der Gottseligkeit haben, aber keine Kraft. Wir haben die Dinge wie in einem trüben Spiegel gesehen, obwohl wir dazu berufen sind, ihn von Angesicht zu Angesicht zu sehen. Jesus fordert uns auf, im Geist zu leben, die natürliche Zeitachse zu verlassen und die Realität aus seiner Perspektive zu sehen. Wenn wir das umsetzen, werden wir auch die Kraft des Geistes erfahren.

Er hat uns dazu berufen, vollkommen zu sein, wie er vollkommen ist; deshalb ist es wichtig, dass wir uns ständig mit dem Einen beschäftigen, der vollkommen ist. Wir sollen den suchen, der die Fülle der Weisheit ist. Er lädt uns ein, uns ständig des Allmächtigen in uns bewusst zu sein, damit wir ihn auf der Erde manifestieren können. Das ist unser Erbe. Das ist unsere Ehre.

Mein Herz antwortet:

Jesus, ich sehe dich in mir stehen, voller Kraft und Weisheit, überfliessend mit Liebe. Alles, was du bist, bist du in mir. Ich möchte, dass nichts in meinem Leben, in meinen Gedanken oder meinen Ansichten dich daran hindert, durch mich zu fliessen. Ich möchte so verbunden mit dieser himmlischen Wirklichkeit leben, dass meine Augen ständig dich schauen und sehen, was du tust. Ich möchte für immer in Einklang mit deinem Geist sein, während ich dich Tag für Tag auf dieser Erde repräsentiere.

Danke für deine Gnade, die mich befähigt, natürlichen Ablenkungen keinen Raum mehr zu geben. Auch wenn die alltägliche Betriebsamkeit den Klang der Gnade gelegentlich dämpft, kann ich mit einer Bewegung meines Herzens den Ton wieder einschalten, wofür ich so dankbar bin. Deine wunderbare Liebe nimmt mich immer wieder aufs Neue gefangen. Und an diesem Ort stehe ich in meiner Autorität, umhüllt von dir, und ich weiss, wer ich bin und wen ich repräsentiere. Zusammen sind wir eine unablässige Quelle von Liebe auf der Erde.

Tag 15

Alles, was ich bin

Ein prophetisches Wort

«Da sprach Gott zu Mose: ‹Ich bin, der ich bin›» (2. Mose 3,14).

Richte deinen Blick auf mich. Lass dich völlig davon vereinnahmen, wer ich bin. Ich lebe und bewege mich und bin in dir. Du lebst und bewegst dich und bist in mir. Ich bin dein Leben. Alles, was ich bin, ist, wer du bist. Alles, was ich bin, macht den eigentlichen Kern deines Wesens aus. Ich habe dir bereits alles von mir gegeben. Alles, was ich bin, lebt in dir. Ich bin dir näher als dein Atem.

Du hast alles von mir, meine Geliebte, mein Geliebter. Ich habe nichts von meiner Güte, Liebe oder Macht vor dir zurückgehalten. Empfange einfach, was du brauchst. Lass dich von der Fülle meiner Göttlichkeit überwältigen. Ruhe in der Realität dessen, wer ich für dich bin. Ich bin alles, was du jemals brauchst. Ich habe dir die Gnade gegeben, zu staunen und mit neuen Augen zu sehen, wer ich bin. Erlebe, wie ich mich in jeder Situation, die dich erschöpft hat, zu erkennen gebe.

Ich habe dir alles gegeben, um ein Leben zu führen, das mir gefällt. Ich bin deine Weisheit, deine Hoffnung und deine überfliessende Versorgung. Ich bin Friede, Trost und Liebe. Ich bin die Antwort auf jede Frage, die du je gestellt hast. In mir, wo du lebst, dich bewegst und bist, findest du die ganze Herrlichkeit dessen, was ich bin, und ich rufe dich hervor.

Mein Herz antwortet:

Jesus, genau hier will ich für immer bleiben, in der Realität deiner wunderbaren Liebe. Du erleuchtest die Augen meines Herzens, damit ich erkenne, dass der «Ich bin» in mir ist. Du hast mich mit dir eins gemacht, damit ich, ungeachtet dessen, was mir begegnet, mit dir verbunden bleibe. Danke, dass ich mich zurücklehnen, dir die Führung überlassen und einfach nur staunen kann.

Jede falsche oder natürliche Perspektive, die mein Leben und meine Normalität bislang bestimmt und Verwirrung oder Furcht ausgelöst hat, tausche ich jetzt gegen deine ewige Wahrheit ein. Du bist alles, was ich brauche, und alles, was ich mir wünsche. Du bist mein wunderbares, heiliges Verlangen. Ich übergebe dir mein Leben und halte nichts zurück. Ich will nicht mein eigenes Leben leben, Jesus. Du bist die Wahrheit, die mich verändert hat. Nicht mehr lebe ich, sondern die Fülle dessen, wer du bist, regiert in mir.

Tag 16

Liebe, die verwandelt

«Wir wollen uns früh aufmachen zu den Weinbergen deines Volkes, wollen sehen, ob die Weinstöcke der Liebe treiben, ob ihre Leidenschaft geweckt wurde. Dort will ich dir meine Liebe schenken» (Hohelied 7,13; frei nach «The Passion Translation» aus dem Englischen übersetzt).

Jesus öffnet dir die tiefsten Schichten seines Seins, denn er möchte, dass du ihn kennenlernst. Sein Kuss erweckt dein schlafendes Herz, und nun wird die Offenbarung, dass Jesus dein Bräutigam-König ist, Wirklichkeit werden.

Dieser überaus Kostbare hat seine Hand ausgestreckt und lädt dich zu einem göttlichen Tanz der verwandelnden Liebe ein. Wenn du seine Einladung annimmst, wenn du auf ihn zugehst und seine Hand ergreifst, wird er dich näher zu sich ziehen, als du es jemals zuvor erlebt hast. Das Fundament deines Lebens wird gelegt – es ist das Fundament der Liebe.

Ihn zu kennen ist kein Kopfwissen. Es ist eine lebendige Erfahrung, die in unserem Herzen greifbar wird. Er stimmt uns darauf ein, wer er ist – und zwar auf einer ganz anderen Ebene, wo die Fülle seiner Gegenwart in uns zur Realität wird. Wenn wir von diesem Ort aus leben, werden wir verwandelt. Wir sind dann in der Lage, ohne Einschränkungen mit ihm zu fliessen, und indem wir das tun, reagiert alles in der geschaffenen Welt auf den Schöpfer in uns.

Je inniger wir ihn kennen, desto mehr Kraft fliesst aus unserem Leben. Ohne uns abzumühen, stehen wir in ihm und dienen auf dieser Erde als Kanäle, die anderen helfen, sich darauf zu besinnen, wer sie wirklich sind.

Mein Herz antwortet:

Jesus, das ist, was ich will – dich besser kennenlernen als jemals zuvor. Ich möchte deine Herrlichkeit in jeder Zelle spüren und ohne den geringsten Zweifel wissen, dass all das, was du bist, durch meine Adern fliesst. Ich möchte es spüren. Ich möchte von deiner vollkommenen Liebe völlig überwältigt und für immer verändert werden; ich will immer mehr aussehen wie du und klingen wie du. Überflute mich mit dieser Realität, bis alles in mir darauf reagiert und meine Seele von deinem Geist verzehrt wird.

Danke, dass du mich mit Stricken der Liebe ziehst und mich reinigst. Danke, dass du diese unglaublichen Wahrheiten tief in mir verankerst. Ich will meine Augen auf dich richten, während du mich lehrst und mich führst. Ich will im Rausch unserer heiligen Vereinigung leben, bis alles von mir für immer mit deiner Liebe verwoben ist. Wir bewegen uns zusammen und laden andere zu unserem göttlichen Tanz ein.

Tag 17

Stehe in seinem Sieg

«Dies habe ich zu euch geredet, damit ihr in mir Frieden habt. In der Welt habt ihr Bedrängnis; aber seid guten Mutes, ich habe die Welt überwunden»
(Johannes 16,33).

Viele von uns sind durch die Traumata des Lebens gehemmt, aber Jesus befreit uns. Er beendet den Krieg, der uns davon abgehalten hat, das Glück Christi zu erfahren. Die Vergangenheit wird uns nicht länger bestimmen. Alles, was die Tore unserer Seele besetzt gehalten und uns daran gehindert hat, seine Gegenwart wahrzunehmen, kommt ans Licht und wird durch die Kraft seines Blutes gereinigt. Es ist an der Zeit, das vollendete Werk des Kreuzes zu erfahren.

Das Licht der Welt leuchtet in unser Herz, und wenn es leuchtet, zieht sich der Feind zurück. Wir wurden erlöst von dem Erlöser und Wiederhersteller aller Dinge. In diesem Moment will Jesus uns völlig mit seiner Liebe durchtränken, bis keine Kammer unseres Herzens mehr trocken ist.

Wenn wir seine Einladung annehmen und in seiner Nähe bleiben, weicht die Furcht. Wir mögen sie noch spüren, doch wird sie unser Herz nicht länger bestimmen. Wir werden von Opfern unserer Umstände zu Überwindern, die durch ihren Erlöser gestärkt werden. Wenn wir uns ihm hingeben und es lernen, von dem geheimen Ort seiner Gegenwart zu leben, wird Jesus seine Majestät in unserem Leben demonstrieren. Wenn sich unsere innere Welt verändert, verändert sich auch unsere äussere Realität. Wir werden zunehmend erleben, wie sich Ruhe, Frieden und die Hoffnung auf Sieg in uns ausbreiten.

Mein Herz antwortet:

Jesus, ich kapituliere. Ich habe so sehr versucht, die Dinge aus eigener Kraft zu regeln und bin kläglich gescheitert. Doch damit ist jetzt Schluss. Ich lasse meine Finger davon und gebe mich dir neu hin. Ich mache Platz, damit du übernehmen kannst. Danke für die reinigende Kraft deines Blutes, das mein Denken wäscht und es mit dem deinen in Einklang bringt. Von diesem Ort aus kann ich klar denken. Ich kann wieder atmen. Die Furcht hat diesen Kampf verloren. Das Blut hat mit lauter Stimme geschrien.

Deine vollkommene Weisheit berät mich jetzt. Ich spüre, wie der Einfluss der Dunkelheit seine Kraft verliert, während Lügen in mir von deinem herrlichen Licht aufgedeckt werden. Du bist meine Stärke. In deinen Armen finde ich einen sicheren Ort, ein geheimes Versteck. Hier will ich für immer leben. Von diesem Ort aus sieht alles um mich herum anders aus. Meine Vergangenheit schüchtert mich nicht länger ein, und ich habe keine Angst vor der Zukunft. Du bist das Einzige, was mein Leben bestimmt. Du bist bei mir, und nichts kann mich von deiner Liebe trennen.

Tag 18

Atme ihn ein

«In demselben Moment, als ich zu dir rief, antwortetest du mir!
Du stärktest mich tief in meiner Seele
und hauchtest mir neuen Mut ein»
(Psalm 138,3; frei nach «The Passion Translation»
aus dem Englischen übersetzt).

Das ist dein Moment, um den Herrn zu erleben; dein Moment, um ihm zu begegnen und verwandelt zu werden. Was auch immer du brauchst, ER, der die Lösung ist, ist in dir. Er ist dir näher als dein Atem! Er umgibt und umhüllt dich vollständig. Du warst vielleicht unruhig, beschäftigt oder abgelenkt, doch wenn du dich neu auf die Realität seiner Gegenwart einstimmst, wird jeder Druck verschwinden. Richte deine Gedanken und dein Herz jetzt auf Jesus aus.

Nutze die Zeit, die du hast, um die lebensspendende Substanz seiner Liebe einzuatmen und den Druck des Lebens auszuatmen. Spüre, wie der Herr dich in das Wunder dieses Augenblicks hineinführt. Atme langsam und tief ein, während du dir seines Geistes in dir bewusst wirst. Atme ihn ein, und lass beim Ausatmen alle Sorgen los.

Engel dienen dir. Richte deine Aufmerksamkeit auf den Herrn und fokussiere dein Inneres, die Gedanken deines Herzens, auf die Wahrheit, dass Christus in dir ist. Die Herrlichkeit

Gottes, sein kostbares Wesen, wohnt in dir. Wenn du dich ganz dem Herrn überlässt, nimmt er dich vollständig in seine Gegenwart auf. Er sensibilisiert dich für sein Flüstern. Nimm in der Stille dieses Moments den Frieden wahr, der in dir freigesetzt wird. Bleibe an diesem Ort und ruhe dort, bis alles andere ausser ihm verblasst!

Mein Herz antwortet:

Jesus, du bist so heilig. Du weisst immer genau, was ich brauche. Danke für deinen Frieden, der mich gerade jetzt durchströmt. Mein Verlangen ist es, auf dein herrliches Leben in mir zentriert zu bleiben. Heiliger Geist, durchflute mein ganzes Wesen mit neuem Licht. Scheine in jeden dunklen Winkel und jede Lüge hinein. Mache Blockaden sichtbar, die mich daran hindern, deine Herrlichkeit zu erfahren. Ich möchte, dass nichts das Wasser meines Herzens trübt.

Sensibilisiere mich für deine Stimme, während ich dich einatme. Du hast bereits den Schleier weggenommen, der meine Sicht getrübt hat; so schaue ich nun im Glauben mit Augen, die sehen. Ich schaue auf dich und nichts anderes. Ich blende alles andere aus, damit ich dich, den Schönen, sehen kann. Jesus, ich danke dir für dieses neue, überreiche Mass an Gnade, das du in meine Seele ausgiesst.

Tag 19

Seine Herrlichkeit durch dich

«Alle, die mir gehören, gehören jetzt dir.
Und alle, die dir gehören, gehören jetzt auch mir;
und meine Herrlichkeit wird durch ihre
hingegebenen Leben offenbar»
(Johannes 17,10; frei nach «The Passion Translation»
aus dem Englischen übersetzt).

Göttlich und natürlich, irdisch und himmlisch – wir sind mit Christus verwoben und zu einem Wesen geworden. Wir sind vollkommen gemacht, eine neue Kreatur erfüllt mit Göttlichem. Wenn wir uns dieser aussergewöhnlichen Wahrheit bewusst werden, findet ein Erwachen in uns statt und ein Hebel wird in uns umgelegt. Jesus sehnt sich danach, dass wir aus der Offenbarung dieser Wahrheit leben: die unbefleckte Reinheit Christi wohnt in uns.

Wenn wir allezeit in dieser Wirklichkeit leben und wissen, wer wir sind, werden wir klar sehen. Wir werden erkennen, dass wir berufen sind, mit Jesus zu regieren und die Wiederherstellung aller Dinge voranzubringen. Es ist unsere Bestimmung, in der Autorität des «Ich bin» zu regieren.

Jesus sagte, wir würden grössere Werke tun als er. Du wurdest befähigt, einer gebrochenen Menschheit in Barmherzigkeit und Kraft zu dienen, Kranke zu heile und zu erleben, wie Gedanken wiederhergestellt und Herzen befreit werden. Wenn du dich nach anderen Menschen ausstreckst, werden Zeichen und Wunder durch deine Hände geschehen. Es ist dein Geburtsrecht, eine noch grössere Manifestation des Reiches der Himmel zu erleben, als es im Leben von Jesus sichtbar wurde.

Der Glaube ist der Schlüssel. Er verbindet dich mit dem Übernatürlichen. Wenn du Schritte unternommen, aber diese Dinge noch nicht gesehen hast, gib nicht auf! Du bist, wer er sagt, dass du bist. Du bist vollkommen gemacht, erfüllt mit der Fülle Christi und dazu berufen, seine Herrlichkeit auf die Erde zu bringen. Folge weiterhin seiner Leitung und du wirst erleben, wie seine übernatürliche Kraft in den verschiedensten Situationen durch dich fliesst.

Mein Herz antwortet:

Jesus, mein Herz stimmt mit dem deinen überein. Ich glaube, dass ich mit deiner uneingeschränkten Kraft und Autorität erfüllt bin. Die göttliche Natur ist jetzt meine Natur. Die Kraft Gottes, vor der sich alles beugen muss, ist in mir. Danke, dass du meinen Verstand mit der Kraft dieser Offenbarung durchdringst. Ich möchte mit dir auf einer neuen Ebene der Herrlichkeit laufen und sehen, wie deine Wünsche in Erfüllung gehen.

Mein Glaube wird entzündet durch das Geheimnis Gottes in mir. Während ich über das Wunder dieser Wahrheit nachdenke, spüre ich dein Herz für andere. Zeige mir, wie ich diese himmlische Schatztruhe der Hoffnung mit anderen teilen kann. Ich möchte mit dir zusammen wirken und sehen, wie der Reichtum deiner Herrlichkeit ausgegossen und schlafende Herzen um mich herum erweckt werden. Mache deine Leidenschaft zu meiner Leidenschaft. Fliesse durch mein williges Herz.

Tag 20

Herr über jede Situation

«Dieser Herr aber ist der Geist, von dem wir gesprochen haben. Und wo der Geist des Herrn ist, da ist Freiheit»
(2. Korinther 3,17; NGÜ).

Jesus wünscht sich eine Beziehung zu uns, in der wir ihm absolut alles anvertrauen. Wenn du heute beim Lesen merkst, dass du noch an irgendetwas festhältst, das du ihm hättest geben sollen, dann lass los. Gib die Kontrolle ab und unterstelle alles seiner Leitung. Wir können dem Herrn die Menschen und Situationen in unserem Leben, die uns wichtig sind, anvertrauen. Nichts, was wir ihm übergeben, wird aus seinen Händen gerissen werden. Bei ihm ist alles sicher. Wenn wir die Kontrolle abgeben und unsere Sorgen bei ihm ablegen, wird Jesus aktiv und greift ein.

Dein Herz soll sich freuen, wenn du siehst, wie er sich für dich einsetzt. Dein Geliebter möchte dich begeistern mit Gebetserhörungen und Durchbrüchen, die nur er bewirken kann. Es ist an der Zeit, damit aufzuhören, alles ergründen zu wollen. Lass Jesus Herr sein über jedes einzelne Anliegen. Er möchte, dass du zum Staunen gebracht wirst, dich geliebt fühlst und von der göttlichen Romantik in eurer Beziehung gefangen genommen wirst. Er möchte dir seine Treue zeigen.

Beständig mit ihm zu leben bedeutet, so sehr auf ihn fixiert zu sein, dass wir uns von schwierigen Situationen nicht ablenken lassen. Wenn wir in unserem Herzen völlig von der unumstösslichen Realität seiner Liebe überzeugt sind, stehen wir fest. Alles in unserem Leben wird von Licht durchtränkt und wir sehen seine Güte in jeder Situation überfliessen. Jesus gibt uns die Fähigkeit, mit jeder Faser unseres Seins tatsächlich zu glauben, und weder Unglaube noch Besorgnis werden Raum haben. Nichts ist vergleichbar mit der Grösse, Vollkommenheit und Schönheit dessen, wer er ist.

Mein Herz antwortet:

Jesus, ich stelle jeden Bereich meines Herzens unter deine Herrschaft und vertraue dir mein Leben an. Ich möchte nur unter deinem Einfluss stehen, wo mich nichts angreifen kann, was gegen mich gerichtet ist. Du bist mein Beschützer, meine Weisheit und die Quelle für alle meine Bedürfnisse. Ich vertraue darauf, dass alles in meinem Leben, in meinen Gedanken, in meinem Körper, in meinen Beziehungen und in meinen Finanzen bei dir in sicheren Händen ist, und ich werde mich nicht einmischen.

Heiliger Geist, ich erkläre, du bist Herr, und wo du Herr bist, da ist Freiheit. Ich gebe dir die absolute Kontrolle und bitte dich, in meinem Leben zu regieren. Jesus, mit neuer Hingabe unterstelle ich mich dir als Herrn. Ich glaube, dass du in mir und durch mich auf einer anderen Ebene wirken wirst.

Tag 21

Dein hingegebenes Herz

Ein prophetisches Wort

«Möge deine zärtliche Liebe mich überwältigen, o Herr, denn du bist mein Retter und du hältst deine Versprechungen» (Psalm 119,41; frei nach «The Passion Translation» aus dem Englischen übersetzt).

Meine Geliebte, mein Geliebter, die Art und Weise, wie du mir dein Herz zum Ausdruck bringst, bedeutet mir so viel. Ich habe deinen Schrei nach mir im Verborgenen gehört. Ich weiss um dein Verlangen, mich auf einer tieferen Ebene zu erfahren, geheilt zu werden, himmlische Begegnungen zu haben und mich besser kennenzulernen. Du hast es gewagt, zu glauben und dich auf mich zuzubewegen. Du hast dein Herz erneut mutig für meinen heiligen Kuss geöffnet und diesen Kuss empfangen. Du bist meiner Einladung gefolgt und hast dich auf diese göttliche Romanze eingelassen, und nun berühre ich sanft die zerbrochenen Bereiche deines Lebens und umhülle sie mit meiner heilenden Liebe.

Dein hingegebenes Herz bewegt mich. Ich schätze deinen Mut, mir zu vertrauen, dass ich dir sowohl in dem Bereich deines Schmerzes als auch in dem Bereich deines Verlangens begegne. Ich öffne sanft deine Arme, die du schützend vor deiner Brust verschränkt hast, und hauche dir meinen Kuss ein.

Schliesse deine Augen und spüre, wie mein heiliger Atem in die Bereiche hineinweht, die verschlossen waren; wo du versuchst hast, dich selbst zu schützen und nicht in der Lage warst, loszulassen und ganz zu vertrauen. Die Kraft meiner Liebe setzt dich jetzt frei. Die Ketten, die einst deinen Glauben gebunden und eingeschränkt haben, liegen zu deinen Füssen! Du stehst jetzt in mir. Du bist fest gegründet in mir. Wir sind eins. Erlebe die Freude der absoluten Hingabe und des radikalen Vertrauens. Du bist frei!

Mein Herz antwortet:

Jesus, ich lasse jetzt los und übergebe dir jede Lüge und alles, was ich geglaubt habe, das nicht deinem Willen für mein Leben entspricht. Ich gebe die Kontrolle ab und übergebe dir meinen Ruf, meine Vergangenheit, mein Geld und jeden Götzen, der meinem Herzen fälschlicherweise ein Gefühl der Sicherheit vermittelt hat. Ich danke dir für dein wunderwirkendes, lebensveränderndes, allmächtiges, alles verzehrendes, vollkommenes Leben, das mich völlig umhüllt und aus mir herausstrahlt.

Dein Licht bricht in jeden Winkel meines Herzens hinein! Ich ziehe in diesem Moment jeden Zentimeter meines Seins aus den Fängen der Dunkelheit heraus und gebe mich dir ganz neu hin. Ich vertraue dir, dass du mich jetzt so freisetzt, wie ich es mir gewünscht habe. Dein flüssiges Licht regeneriert die Tiefen meiner Seele und meinen Körper. Ich danke dir, Jesus, für diese göttliche Verwandlung!

Tag 22

Der König der Herrlichkeit in dir

«Jetzt bist du bereit, meine Braut,
mit mir zu gehen und die höchsten Gipfel zu erklimmen.
Komm mit mir durch das Tor des Vertrauens»
(Hohelied 4,8; frei nach «The Passion Translation»
aus dem Englischen übersetzt).

Ich sah im Geist ein Tor geöffnet, welches Jesus «Tor des Glaubens» nannte. Er stand als der König der Herrlichkeit auf der anderen Seite des Tores und winkte mich zu sich. Sein Wesen strahlte Kraft aus. Seine Liebe zog mich an und beflügelte mich. Sie war heilig und greifbar. Die Reinheit dessen, wer er ist, strömte in mich ein. Als ich durch das Tor trat, ging ich in ihn hinein. Ich verschmolz mit Jesus, dem König, und wir wurden eins.

Tausende von Engeln umgaben uns, als Jesus seine Braut vorstellte. Sieh dich so, wie ich uns sah – als Braut, die in ein goldenes Gewand gekleidet ist, ein Zepter in der Hand hält, eine Krone auf dem Kopf trägt und sein Wesen ausstrahlt. Die Engel staunen über die Königswürde und den Ausdruck seiner Königsherrschaft in uns.

Das ist die Perspektive des Himmels und die Offenbarung, die er uns heute zuteilwerden lässt: das Wunder von Jesus, dem König der Herrlichkeit, in uns. Wenn wir unsere Herzen dafür öffnen, wird die Ehrfurcht vor Gott in uns entfacht. Der Geist der Furcht des Herrn wird unseren Charakter verändern. Wir werden befähigt, in einem grösseren Mass von Heiligkeit, Barmherzigkeit und Kraft zu leben, wenn wir uns kompromisslos für ihn absondern. Im Vertrauen auf ihn werden wir erlösende Kraft freisetzen, während er uns Tag für Tag führt.

Mein Herz antwortet:

Jesus, ich sehe mich selbst auf eine neue Art und Weise: Ich bin erfüllt mit dem König der Herrlichkeit. Die Heiligkeit dieser Wahrheit überwältigt mich. Danke, dass du mich einlädst, an deiner Seite anderen zu dienen. Ja, ich werde mit dir laufen! Das ist mein Verlangen – auszusehen wie die Liebe selbst, mich auf dich zu stützen und als reife Braut deine Heiligkeit zum Ausdruck zu bringen. Reinige mich, deine Braut, damit ich die Herrlichkeit ausstrahle, die du mir anvertraut hast. Ich wünsche mir, dass kein Gefühl der Trennung mehr in mir aufkommt – ich bin ein Herz und ein Geist mit dir.

Mache dein Verlangen zu meinem Verlangen, damit ich die Autorität des Himmels in Reinheit ausüben kann. Möge mein Mund von der Weisheit deiner Liebe triefen und Worte der Wahrheit weitergeben. In meinem Herzen sage ich wie Sulamith: «Ich habe mich entschieden: Ich werde, bevor die Dunkelheit verschwindet und der Tag anbricht, trotz der Schatten und Ängste, mit dir auf den Berggipfel gehen, Jesus, den Gipfel der leidenden Liebe und den Berg des brennenden Weihrauchs. Ja, ich werde deine Braut sein» (nach Hohelied 4,6).

Tag 23

Eine falsche Identität abschütteln

«Wenn alle in seinen Tod eingeschlossen sind, dann sind auch alle in seine Auferstehung eingeschlossen. Diese Enthüllung seiner Liebe definiert das menschliche Leben neu. Jedes Zeugnis, das wir über uns selbst haben ausserhalb unserer Verbindung mit Christus, ist nicht länger von Bedeutung»
(2. Korinther 5,15–16; frei nach «The Mirror Study Bible» aus dem Englischen übersetzt).

Alles ausserhalb dessen, was Christus sagt, wer wir als neue Schöpfung, als sein Ebenbild, als seine Vollkommenen sind, ist irrelevant. Jede Vorstellung, die wir über uns selbst haben, oder die uns von anderen vermittelt wurde, und die nicht mit den Worten Jesu übereinstimmt, ist eine Lüge. Alles, was zählt, ist das, war er über uns sagt.

Heute bete ich in Übereinstimmung mit Jesus für dich und reisse in deinem Herzen alle falschen Vorstellungen darüber, wer du bist, nieder. Ich breche die Macht von allen Lügen und allem, was sich als deine Identität ausgegeben hat oder der Wahrheit, wer du in Christus bist, widersprochen hat. Der Vater hat dein Leben und deine Zukunft bereits vor Grundlegung der Welt geplant. Du bist berufen, absolute Autorität auszuüben und mit ihm zusammen zu regieren. Du bist das vollkommene Ebenbild des lebendigen Gottes!

Empfange diese Freiheit im Zentrum deines Seins. Vom Augenblick deiner Empfängnis bis zum heutigen Tag ist jede Identität, die du angenommen hast und die dem widerspricht, wer du in Christus bist, bedeutungslos. Sie ist dem Wort Gottes gemäss bedeutungslos. Sie existiert nicht mehr. Lass es zu, dass diese Wahrheit in dir lebendig wird und dein Herz heilt und ganz macht. Du bist seine Geliebte, sein Geliebter, und du bewegst dich von einer Stufe der Herrlichkeit zur nächsten. Du bist der grosse Lohn des Herrn.

Mein Herz antwortet:

Herr, alles, was ich bin, gehört dir. Danke, dass du das Wasser des Wortes in mein Herz ausgiesst und es von den Lügen reinwäschst, die ich geglaubt habe. Ich bin, wer du sagst, dass ich bin. Ich bin dein Erbteil, du bist für mich gestorben. Verwurzele und gründe mich in dieser Wahrheit, damit sie sich in meinem Herzen festigt. Lass jeden Teil meines Seins die Grösse dieser Offenbarung aufnehmen – mein hingegebenes Leben ist dein Lohn. Du liebst mich bedingungslos.

Es ist meine Bestimmung, dich zu kennen, in dir gefunden zu werden, völlig durchtränkt von deiner Herrlichkeit zu leben und ständig über die Majestät und Schönheit meines Gottes zu staunen. Das ist der Wunsch und Weg meines Herzens. Das ist die Freude meines Lebens! Ich sage Ja zu deiner Einladung, allezeit ehrfürchtig zu bestaunen, wer du bist, so wie die Seraphim und Cherubim, die den Thron umgeben.

Tag 24

Leidende Liebe

«Mein Geist erhob sich, um sich für seine Berührung zu öffnen.
Als ich mich ihm hingab, begann ich seinen Duft zu spüren –
den Duft der leidenden Liebe!
Es war der Duft von Myrrhe, welche durch mich hindurchfloss»
(Hohelied 5,5; frei nach «The Passion Translation»
aus dem Englischen übersetzt).

Am Ort der leidenden Liebe entdecken wir etwas, das wir nirgendwo sonst finden. Hier erkennen wir, dass Jesus unser Ein und Alles ist, derjenige, der unsere Bedürfnisse und die Bedürfnisse derer, die uns anvertraut sind, erfüllt. Wenn wir uns völlig von ihm abhängig machen, kommen all die Dinge, die einer fruchtbaren Beziehung mit ihm im Weg stehen, ans Licht. Wir verstehen, dass er die Lösung ist, dass er der Befreier und der Heiler ist. Er ist wunderwirkende, transformierende Kraft. Er ist Leben und Atem. Er ist unerbittliche Liebe.

Wenn sich unser Innererstes um Jesus dreht, wenn wir uns ganz von ihm einnehmen lassen und darauf vertrauen, dass er unsere Stärke ist, verändert sich unsere Perspektive. Plötzlich fühlt sich alles anders an. Unsere innere Verworrenheit wird in göttlicher Wahrheit gebadet, Frieden und Ruhe kehren wieder ein. Wir beginnen zu erfahren, wie die vollkommene Liebe alle Furcht vertreibt.

Prüfungen sind nicht angenehm, aber sie können unsere Sichtweise verändern, wenn unser Herz auf Christus ausgerichtet ist. Inmitten des Schmerzes erfahren wir, dass er tatsächlich alles ist, was wir brauchen. Wenn wir uns auf unseren Geliebten stützen, führt er uns in die Freiheit. Wenn wir uns nicht mehr so viel mit uns selbst beschäftigen, werden wir fähig, das siegreiche Leben zu führen, nach dem wir uns so lange gesehnt haben. Wir werden erleben, dass er Herr über jede Situation ist, und die Herrschaft des Königs wird in unserem Herzen aufgerichtet werden. Wir werden in allem, was wir tun und sagen, von Liebe bewegt werden, während Jesu Stärke zu unserer Stärke wird. Seine Liebe, die durch uns fliesst, ist unsere Triebkraft. Wenn unser Herz erfüllt ist und wir für seine Anliegen brennen, wird alles andere unwichtig. Wir werden die liebeskranke Braut repräsentieren, die von Liebe bewegt wird, auch wenn sie vorübergehend leidet.

Mein Herz antwortet:

Jesus, ich stütze mich auf dich und mache mich völlig von dir abhängig. Ich möchte so sehr von der Liebe zu dir verzehrt werden, dass mein Herz, egal, was mir begegnet, immerzu ruft: «Heilig, heilig, heilig!» Danke für diese Offenbarung, die du mir in den Tiefen meines Seins zuteilwerden lässt. Ich würde Zeiten des Leidens gern umgehen, aber ich weiss, dass du bei mir bist und mir den Sieg schenkst, auch wenn das anders aussieht, als ich es mir vorgestellt habe. Ich vertraue dir, dass mir alles zum Besten dienen wird, weil ich dich liebe und nach deinem Vorsatz berufen bin (siehe Römer 8,28).

Herr, ich wünsche mir, dass in diesen herausfordernden Zeiten meine Anbetung und meine völlige Hingabe dein Herz berührt und du verherrlicht wirst. Ich halte nichts zurück. Ich möchte so mit dir in Einklang, so sensibilisiert auf unser Einssein und unsere Beziehung sein, dass ich von deiner Gegenwart triefe. Ich vertraue darauf, dass du mir in diesen Zeiten der leidenden Liebe Durchbrüche schenken wirst, die ich mit anderen teilen kann. Ich bin so dankbar zu wissen, dass ich dich in allen diesen Herausforderungen als meine wahre Stärke erleben und sehen werde, wie du Schönheit aus Asche hervorbringst.

Tag 25

Heraus aus dem Grab

«Ja, Gott hat Jesus auferweckt!
Und da Gottes Geist der Auferstehung in euch wohnt,
wird er auch euren sterblichen Körper auferwecken
durch denselben Geist, der euch Leben einhaucht!»
(Römer 8,11; frei nach «The Passion Translation»
aus dem Englischen übersetzt).

Einmal wickelte Jesus mich vom Kopf bis zu den Füssen in ein braun gefärbtes Grabtuch, wie es auch für ägyptische Mumien verwendet wurde. Als er damit fertig war, zog er an einem Zipfel des Tuches und drehte mich schnell im Kreis herum, sodass es sich löste. In alle Richtungen schossen Auferstehungslicht und Leben aus mir heraus.

Als ich aufhörte, mich zu drehen, war ich völlig überwältigt. Jesus neigte sich über mich und berührte sanft mein Herz. Er sagte: «Ich gebe dir mein Lied, den Klang meines Lebens.» Sogleich erlangte ich Verständnis und ich wusste, dass wir dabei waren, uns als der Leib Christi in etwas Neues hineinzubewegen.

Wir alle, nicht nur einige Vorreiter, werden das Leben Gottes stärker zum Ausdruck bringen als jemals zuvor. Der Klang dessen, wer er ist, wird in unserem Leben deutlich hörbar werden. Wir werden das Lied Jesu selbst sein, das nach Barmherzigkeit, Weisheit, Geduld und Gnade klingt.

Dann sagte Jesus zu mir: «Dies ist der dritte Tag.» Ich wusste, dass er davon sprach, in der Kraft der Auferstehung zu leben. Es ist an der Zeit, sich zu freuen, denn das Auferstehungsleben Christi in uns verwandelt uns auf eine Weise, die unser Verstehen übersteigt. Wenn wir uns Jesus ganz hingeben und von seinem Wesen durchdrungen werden, wird seine Auferstehungskraft in uns für alle Welt sichtbar werden. Es ist eine riesige Ehre, sein Licht auszustrahlen und andere zu ihm zu ziehen.

Mein Herz antwortet:

Herr, du bist gestorben, um mich in eine Beziehung mit dir zu bringen, die mit nichts zu vergleichen ist. Ich will deinem Beispiel folgen und mein Leben niederlegen, um dein Leben zu empfangen, und jeden Teil meines Seins dir übergeben. Ich danke dir, dass ich diese Grabtücher ablegen und in dem Licht deiner Herrlichkeit strahlen darf. Ich stehe auf in der Kraft der Auferstehung, erfüllt mit dem Lied deines Geistes, und setze deinen Klang frei.

Ich danke dir für diese Einladung am dritten Tag, in dir zu stehen und zu strahlen, erfüllt von der Schönheit und Majestät dessen, wer du bist, während du mein ganzes Sein – Körper, Seele und Geist – verwandelst. Danke, dass du mir bewusst machst, wie stark ich bin, weil dein Leben in mir ist. Ich kann alles tun, was du mir aufs Herz legst, weil ich nicht in die Dinge dieser Welt verstrickt, sondern ganz von dir eingenommen bin. Jetzt werde ich deinen Klang, deinen Duft und dein Leben hinaustragen, damit alle die Schönheit deiner Liebe erkennen.

Tag 26

Komm in meine Ruhe

«In seiner verschwenderischen Liebe
hält er einen Ruheort für mich bereit.
Er führt mich zu einer Oase des Friedens am Bach der Wonne»
(Psalm 23,2; frei nach «The Passion Translation»
aus dem Englischen übersetzt).

Der Herr möchte dich auf eine neue Ebene der Ruhe bringen. Vielleicht hast du noch nie diese innige Nähe mit ihm erfahren, wo dein Herz völlig zur Ruhe kommt. Wenn du dir seiner Liebe nicht sicher bist und immer noch mit Ängsten oder einem Gefühl der Unruhe zu kämpfen hast, wird Gott dir seine Liebe demonstrieren. Empfange neue Gnade, um seine Gegenwart zu spüren. Öffne dein Herz, während er dich an den Ort der vollkommenen Liebe, die alle Furcht austreibt, führt.

Dies ist die Zeit, in der jeder Bereich deines Herzens gesund und heil wird und du so grossen Frieden hast, dass du im Sturm schlafen kannst. Während du vertrauensvoll an seiner Brust ruhst, wirst du erleben, wie er die Stürme in und um dich herum stillt. Seine Gnade wird dich befähigen, zur Ruhe zu kommen. Dieses tiefe Werk vollbringt er gerade jetzt in dir.

Wenn du ihn besser kennenlernst, wirst du erleben, wie er den Bedürfnissen deines Herzens begegnet, und dein Vertrauen in ihn wird zunehmen. Du wirst ihm tiefer begegnen als jemals zuvor und im Bewusstsein seiner bedingungslosen Liebe leben. Jesus möchte, dass du seine Gegenwart in jeder Sekunde erfährst und die Realität seiner Liebe dich in einen Lebensstil der Ruhe führt.

Mein Herz antwortet:

Ja Herr, das möchte ich auch! Danke, dass du gerade jetzt bei mir bist und mich umarmst und deine Liebe jede Spur von Unruhe in mir beseitigt. Ich schaue nicht mehr auf das, was mein Herz schwer gemacht und mir Angst eingeflösst hat; ich schaue dir in die Augen. Du bist mit mir im Boot des Lebens und du wirst mich beschützen.

Ich spüre die Süsse deiner Liebe. Der Sturm mag noch immer toben, doch ich fürchte mich nicht. Die Furcht hat keinen Raum mehr in mir, denn die Liebe vertreibt sie. Das Bewusstsein deiner Gegenwart ist zu meiner ständigen Realität geworden. Ganz gleich, was um mich herum geschieht, deine Liebe ist das Fundament, auf dem ich stehen kann. Die Liebe ist mein sicherer Ort geworden, mein Zuhause. Von diesem Ort aus, wo du mich vollständig umgibst, werde ich in Frieden leben. Ich werde in den tiefsten Tiefen meiner Seele Ruhe finden.

Tag 27

Der König der Herrlichkeit in mir

Ein prophetisches Wort

«In dir lebt Christus,
der dich mit der Erwartung auf seine Herrlichkeit erfüllt!
Dieses Geheimnis, dass Christus in uns ist,
ist eine himmlische Schatztruhe der Hoffnung,
die gefüllt ist mit dem Reichtum der Herrlichkeit für sein Volk;
und Gott möchte, dass jeder es weiss!»
(Kolosser 1,27; frei nach «The Passion Translation»
aus dem Englischen übersetzt).

Der Herr sagt: «Ich rufe dich hervor. Ich rufe dich hervor ins Leben. Ich rufe dich hervor. Lebe, lebe, lebe!»

Der König der Herrlichkeit ist in dir, er breitet sich in dir aus und erfüllt dich. Er passt seinen Körper genau deinem Körper an. Er steckt seine Arme durch deine Arme, seine Hände durch deine Hände, seine Finger durch deine Finger. Fühle ihn gerade jetzt. Seine Beine gehen durch deine Beine, seine Füsse verbinden sich mit deinen Füssen. Er fügt sich vollkommen in dich ein. Du bist eins mit Christus. Egal, wie unfähig oder wie schwach du dich fühlst, sein Leben fliesst durch dich und stärkt dich. Du wirst die göttliche Kraft des Königs in diesem Moment spüren. Die Angriffe des Feindes auf dein Leben werden vereitelt, denn der König ist da! Der Strahlende ist gekommen.

Die Gestalt des Königs wird durch seinen Leib auf der Erde sichtbar werden. Wenn du deine Hände erhebst, wenn du sie auf die Kranken oder auf dich selbst legst, schiesst göttliches Licht aus den Händen des Königs durch die deinen. Dieses Einssein mit ihm wird in deinem Leben sichtbar. Unaufhaltsam schiesst seine schöpferische Kraft durch dich hindurch. Es ist sein göttliches Licht, seine lebendige Kraft. Komm hervor, denn der König der Herrlichkeit ist in deiner Mitte!

Mein Herz antwortet:

Ja Jesus, das ist, was ich mir wünsche! Ich möchte mir dir mehr bewusst sein als mir selbst und meinen vermeintlichen Begrenzungen. Danke, dass du mich erfüllst und mich an die Kraft deines Lebens in mir erinnerst. Ich werde mir bewusst, welche Grösse ich in mir trage, und werde für immer verändert sein.

Du lädst mich ein, deine Herrlichkeit auf der Erde zu verbreiten, dir zu vertrauen und dich beim Wort zu nehmen. Ich erhebe mich mit dir, damit mein Leben dich verherrlicht. Ich werde mich nicht von den Zweifeln und Ängsten, die mich einmal geplagt haben, ablenken lassen. Ich bin ein Wohnort für den König der Herrlichkeit. Dein Licht, deine Kraft, deine Liebe und deine Autorität sollen sich in mir und durch mich manifestieren.

Tag 28

Sein Traum für dich

«Alle, die vollkommen sind,
sollen von dieser gleichen Leidenschaft erfüllt sein;
und wenn jemand dieses Verlangen noch nicht kennt,
wird Gott es ihm offenbaren.
Lasst uns alle zusammen vorangehen,
um den Siegespreis zu gewinnen,
und einen gemeinsamen Weg mit einer gemeinsamen
Leidenschaft verfolgen»
(Philipper 3,15–19; frei nach «The Passion Translation»
aus dem Englischen übersetzt).

Der Herr träumt davon, dass du sein Herz kennenlernst. Dein und sein Herz sollen immer mehr eins werden; er will Gemeinschaft haben mit dir von Angesicht zu Angesicht, sich in einem Tanz mit dir verbinden, zusammen mit dir ein Lied anstimmen. Mögest du allezeit leidenschaftlich für Jesus brennen. Mögest du erleben, wie erfüllend es ist, alles für ihn aufzugeben, und wie befreiend es ist, sich ihm ganz hinzugeben.

Der Vater hat dich zu einer neuen Schöpfung geformt. Dein Leben ist dazu bestimmt, ein Ausdruck seiner Herrlichkeit zu sein – eine Quelle überfliessender Liebe, weil dein Herz ihm hingegeben ist. Jeder Bereich deines Lebens wird von seiner erlösenden Kraft berührt. Während du immer mehr abnimmst, strahlt seine Herrlichkeit durch dich hindurch. Wenn du ihm vertraust, bewegt er sich in Kraft. Gibst du ihm die Kontrolle ab, erhebt sich der König des Universums als die höchste Autorität in deinem Leben, und Mächte und Gewalten müssen sich beugen. Alle Lügengeister verschwinden, wenn die Wahrheit in deinem Herzen Wirklichkeit wird.

Gottes Traum für dich umfasst jeden Bereich deines Lebens und reicht bis in die Ewigkeit. In tiefer Intimität mit Jesus zu leben, eröffnet dir eine neue Perspektive. Wenn deine Gedanken mit seinen verwoben sind, werden Friede, Freude, Freiheit und Kraft dein Leben bestimmen. Nimm heute seine Einladung an.

Mein Herz antwortet:

Jesus, ich möchte dich kennenlernen. Mit jeder Faser meines Wesens kann ich die Kraft deiner Einladung spüren. Danke, dass du dich immer wieder in Liebe zu mir ausstreckst und mir deine Absichten offenbarst. Deine Liebe und deine Freundlichkeit überwältigen mich. Lass deine Träume für mich Wirklichkeit werden.

Ich gebe dir mein Leben neu hin. Mein Herz ist offen für deine verändernde Kraft. Du wäschst mich mit den Wellen deiner Herrlichkeit und jede Zelle in mir empfängt neues Leben, neues Licht. Nicht mehr länger lebe ich, sondern du, Jesus, lebst durch mich. Ich ergreife deine Hand, die sich mir entgegenstreckt, und tanze mit dir diesen göttlichen Tanz der Freiheit, der Liebe und Freude. Ich will jeden Tag vereint mit dir leben, während meine Augen auf dich gerichtet sind und ich an Gnade zunehme. Dein Leben strömt in mich hinein und läutert mich; nun spiegeln meine Gedanken, Empfindungen, Worte und Träume die deinen wider.

Tag 29

Seine Liebe verwandelt dich

«Wir werden verwandelt in sein Ebenbild,
während wir von einer Stufe der Herrlichkeit zur nächsten
geführt werden. Und diese herrliche Verwandlung
kommt vom Herrn, dem Geist»
(2. Korinther 3,18; frei nach «The Passion Translation»
aus dem Englischen übersetzt).

Das Weiseste und Kraftvollste, was wir tun können, ist, einer Herz-zu-Herz-Verbindung mit Jesus in unserem Leben Priorität zu geben. Auf diese Weise geschehen Durchbrüche. Auf diese Weise strömt lebensverändernde Kraft in unsere Seele hinein. Wenn wir Zeit in seiner Gegenwart verbringen, auf seine Stimme hören, ihn anbeten, sein Wort lesen und unsere Aufmerksamkeit auf ihn richten, werden wir verändert.

Mit dem Herrn zusammen zu sein, wirkt sich auf jeden Bereich unseres Lebens aus. Bereits vor Anbeginn der Zeit haben wir in ihm existiert, und an diesem Ort blühen wir mehr und mehr auf. Wir wurden aus dem Schoss seiner Liebe erschaffen und geboren. In ihm, in dem Kern dessen, wer er ist, ist alles, was wir zum Leben und für unsere wahre Identität brauchen.

Die Schrift sagt, dass jede Offenbarung, die wir empfangen, uns verwandelt. Zu seinen Füssen zu sitzen, ihm zuzuhören und auf ihn zu warten, hilft uns, uns auf ihn einzustimmen. Wir sagen oft, dass Jesus uns verändern soll. Und diese Veränderung findet in der Herrlichkeit seiner Gegenwart statt. Wenn wir den Herrn immer besser kennenlernen und die verschiedenen Facetten seiner Schönheit, seiner Weisheit und Macht sehen, eröffnet sich uns ein neues Leben. Wir werden verwandelt von einer Stufe der Herrlichkeit zur nächsten, indem wir in seine Liebe eintauchen. Durch seine Gegenwart wird Wahrheit freigesetzt, die, wenn wir sie uns zu eigen machen, unser Leben revolutionieren wird, bis wir uns selbst kaum mehr wiedererkennen.

Mein Herz antwortet:

Danke, Herr, dass dich nach mir verlangt. Du hältst eine solche Herrlichkeit für mich bereit – eine grössere Offenbarung, als mein Verstand sie erfassen kann, eine tiefere Verwandlung, als ich sie jemals für möglich gehalten hätte. Ja, ich möchte sehen, hören und mit einem Herzen leben, das mit deinem Herzen verbunden ist. Du bist im wahrsten Sinne des Wortes alles, was ich brauche, und ich möchte nie mehr ausserhalb dieser Realität leben.

Du bist mein Schatz, und ich bin dein. Es ist im Grunde unfassbar, wie sehr du mich liebst, doch breitet sich diese Wahrheit endlich in mir aus. Deine Liebe setzt mich von den Lügen frei, die mein Herz geplagt haben. Die Offenbarung darüber, wer du bist, erweckt mein schlafendes Herz. Alle Zweifel ertrinken im Ozean der tiefen Begegnung mit dir. Ich werde zu der Braut, die du immer vor Augen hattest. Deine Liebe verwandelt mich.

Tag 30

Die Kraft seines Kusses

«Er bedecke mich mit Küssen – seinen göttlichen Küssen.
Wie zärtlich sind deine Liebkosungen;
ich trinke sie wie süssen Wein!»
(Hohelied 1,2; frei nach «The Passion Translation»
aus dem Englischen übersetzt).

Jesus kam und küsste mich sanft auf den Kopf. Dieser Kuss ist heute für dich. Jesus raubt dir das Herz, während er gleichzeitig falsche Gedanken, die du geglaubt hast, niederreisst und dich zu einem neuen Leben erweckt. Er schenkt dir eine neue Offenbarung über den Bräutigam, den allmächtigen Gott, den zärtlichen Vater, oder wie auch immer er sich dir offenbaren will, und es fühlt sich in deinem Herzen an wie ein Kuss.

Nichts ist damit zu vergleichen, die Liebe von Jesus zu erfahren. Eine neue Offenbarung darüber, wer er ist, durchdringt dich mit lebensverändernder Kraft, während du seinen Kuss empfängst. Das hebräische Wort für Kuss ist *nashaq* und bedeutet unter anderem: «mit Waffen ausgerüstet zu sein». Der innige Kuss des Herrn stärkt dich und versorgt dich mit allem, was du brauchst, um in seiner absoluten Autorität zu stehen. Seine Liebe lässt dich zu einer Kämpfernatur werden.

Wenn du aus der Wüste kommst und dich wie Sulamith an deinen Geliebten lehnst, wenn du dich völlig Jesus überlässt und dich ihm hingibst, bist du in der Lage, seine unschlagbare Stärke anzuzapfen. Unerschütterlich in der Liebe zu ihm wirst du von Mut erfüllt werden, während du dir absolut sicher bist, wer er in dir ist. Wenn du mit dem König eins bist, wirst du beginnen, Dinge im Geist zu erlassen, und du wirst erleben, wie sich seine Absichten auf der Erde erfüllen. Das vermag die Kraft seines Kusses.

Mein Herz antwortet:

Jesus, ich kann nur staunen über die Kraft, die dein Kuss in meinem Leben hat, und was er in mir freisetzt. Deine Nähe stärkt mich und gibt mir den Mut, voller Zuversicht als deine Braut aufzutreten. Danke, dass du mich mit deiner Liebe umhüllt und mich festgehalten hast, als es sich anfühlte, als würde die Wüste mich entblössen.

Ich bin siegreich, weil ich in der Realität deines Kusses lebe. So küsse mich immer und immer wieder, bis mein Herz nicht länger von Zweifeln und Ängsten bewegt wird. Deine Liebe ist meine Freude! Ich lerne, in meiner Identität als Braut, die mit dir herrscht und regiert, zu leben. Meine Gebete sind kraftvoll, weil sie aus deinem Herzen fliessen. Wenn ich Menschen berühre, werden Heilungen und Wunder freigesetzt, weil ich in Übereinstimmung mit deinem Wort handle. Dein Kuss hat mich für den Kampf ausgerüstet.

Tag 31

Die Kraft des Bleibens

«Weil ich dich, Herr, allezeit vor Augen habe,
wird mein Vertrauen niemals wanken;
ich spüre deine Gegenwart in jedem Moment meines Lebens»
(Psalm 16,8; frei nach «The Passion Translation»
aus dem Englischen übersetzt).

Jesus lädt uns ein, in dem ständigen Bewusstsein seiner Gegenwart zu leben. Zu lange haben wir uns vom Geist zur Seele und wieder zurück bewegt – in einem Moment haben wir uns an ihm erfreut, im nächsten fühlten wir uns gestresst und überwältigt. Wir sind berufen zum Einssein mit ihm, ohne ein Gefühl der Trennung zu spüren, doch wir haben uns mit gelegentlichen Begegnungen zufriedengegeben. Der Herr sehnt sich danach, dass wir uns auf das Einssein mit ihm fokussieren und in seiner Gegenwart zur Ruhe kommen. Wir haben uns danach gesehnt und ausgestreckt, jetzt ist es an der Zeit, darin zu leben.

Es beginnt damit, dass wir ihm unseren Willen übergeben, loslassen und uns auf Christus in uns ausrichten. Unser Glaube wird gestärkt, wenn wir uns entscheiden, auf die Kraft Gottes und auf seine Führung und Treue in unserem Leben zu vertrauen sowie auf den Preis, den Jesus für uns bezahlt hat, damit wir in Einheit mit ihm leben können. Sind wir völlig von seiner Liebe überzeugt, wird es einfach sein, zu glauben. In den Momenten, wo wir abgelenkt und dazu verleitet werden, uns zu fürchten, können wir uns auf den Friedefürsten besinnen, der in uns lebt, und wir werden erleben, wie der Friede in uns zunimmt.

Stellt der Feind uns eine Falle, werden wir seine Lügen sofort entlarven und uns dem zuwenden, der die Wahrheit ist. Sind wir in Gottes Liebe geborgen, wird unser Herz aufblühen und die Dunkelheit, die unsere Gedanken zuvor in Beschlag genommen hat, wird zurückgedrängt. Wir werden mit Christus herrschen und regieren, wenn wir in Einklang mit seinem Geist sind.

Mein Herz antwortet:

Jesus, ich danke dir, dass du meine Gedanken auf die Wahrheit ausrichtest. Du hast mich berufen, ein Leben zu führen, das voll und ganz auf das Reich des Himmels fokussiert ist, statt mich von den Sorgen dieser Welt ablenken zu lassen. Ich will nicht ständig rein- und rausgehen, mich auf und ab bewegen, in der einen Sekunde im Glauben stehen und mich im nächsten Moment auf meinen Verstand stützen. Heute mache ich mich eins mit der Wahrheit.

Alles, was du bist – vollkommene Liebe, Treue, Majestät, Weisheit, schöpferische Kraft, Barmherzigkeit und Macht –, hat in mir Wohnung genommen. Du hast mich nicht hilflos zurückgelassen. Du bist meine immerwährende Hilfe, du bist der, der mich liebt. Du bist mein treuer Hirte, der mich mit seinen Augen führt und leitet. Danke, dass du mich lehrst, im Bewusstsein unseres Einsseins zu leben. Auch wenn die Versuchung, diese Wahrheit zu vergessen, an meine Tür klopft, hast du mir bereits den Sieg geschenkt. Ich lerne, die Freude des Bleibens zu geniessen, indem ich mir die Schönheit der Hingabe zu eigen mache.

Tag 32

Freiheit gehört dir

«Ich erkenne, dass die Kraft Christi mich durchdringt, sodass ich jede Schwierigkeit überwinden kann» (Philipper 4,13; frei nach «The Passion Translation» aus dem Englischen übersetzt).

Alles, was nicht dem Charakter Christi entspricht, gehört nicht zu uns. Jesus ist nicht entmutigt, er ist nicht bedrückt, er ist nicht erfüllt mit Sorge und Furcht. Der Herr weiss, was es bedeutet, auf dieser Erde zu leben, und er verurteilt uns niemals für unsere Gefühle oder stellt uns bloss aufgrund dessen, was wir durchmachen.

Aber er sehnt sich danach, dass wir frei werden. Wenn wir den Heiligen Geist anrufen, spricht er zu unseren Herzen und zeigt uns, wie wir im Sieg leben können. Wir sind dazu berufen, mit Gott schöpferisch tätig zu sein und auf seine Weisheit zu hören, damit wir seine Absichten über unserem Leben ausrufen können.

Wenn wir uns unserer wahren Identität in Christus bewusst sind und uns nichts anderes definiert als Jesus, werden unsere Herzen von seiner lebensverändernden Wahrheit erfüllt. Er führt uns in die Tiefe und offenbart uns die Kraft unseres Einsseins, sodass wir in Freiheit leben können. Wir kommen auf eine neue Stufe, wenn wir uns weigern, irgendetwas in unserem

Geist, unserem Verstand, unseren Gefühlen oder unserem Körper zu dulden, was nicht Jesus widerspiegelt.

Heute lenkt der Herr unser Augenmerk auf Stress, Ängste, Depressionen und andere emotionale oder psychische Zustände, die die Folge von Kampfführung sind. Diese Dinge werden nicht bestehen bleiben, wenn wir uns der Kraft Christi in uns bewusst sind. Wenn irgendetwas in dir nicht vollkommen widerspiegelt, wer du in Christus bist, dann sprich seine Wahrheit über diesem Bereich aus.

Mein Herz antwortet:

Jesus, ich stimme mit deinem Willen für mein Leben überein. Alles, was ich geglaubt habe, das nicht mit deiner Wahrheit übereinstimmt, gehört nicht zu mir. Wenn es nicht deinem Wesen entspricht, gehört es nicht zu mir! Danke, dass du meine Identität definierst und mich daran erinnerst, dass ich in Freiheit leben kann, unabhängig davon, wie meine Gegenwart oder meine Vergangenheit aussieht. Du bist Herr über jeden Bereich meines Lebens.

Im Glauben erkläre ich, dass dies der Tag meiner Befreiung ist! Ich bin eins mit dem Durchbrecher selbst. Ich unterstelle meine Gedanken niemand anderem als dem Fürst des Friedens. Der Heilige Geist, der Christus von den Toten auferweckt hat, wohnt in mir. Ich bin erfüllt mit Kraft und Frieden, ich bin geheilt und heil in jedem Bereich. Ich bin frei von Verzweiflung, frei von Einsamkeit. Nichts kann mich von deiner Liebe trennen. Die Versorgung für mein Leben ist gesichert, und von nun an werde ich im Sieg leben.

Tag 33

Ich bin deine Freiheit

Ein prophetisches Wort

«Aber die auf den Herrn hoffen, gewinnen neue Kraft; sie heben die Schwingen empor wie die Adler, ...»
(Jesaja 40,31).

Schliesse deine Augen und setze dich zu mir. Ich setze Gnade frei, um dich auf eine neue Ebene der Freiheit zu bringen. Ich nehme die Furcht aus deinem Leben weg. Während wir gemeinsam vorwärtsgehen, wird es keinen Raum mehr für Furcht in deinem Leben geben. Ich habe dich geschaffen, um in Freude und Freiheit zu leben.

Ich habe gesehen, wie du gekämpft und Lasten mit dir geschleppt hast, die du nicht tragen solltest; Ketten der Gebundenheit hielten dich gefangen. Der Feind dachte, er könne deinen Sinn knechten, doch ich habe den Preis für deine Erlösung bezahlt. Ich bin hier, und ich befreie dich von den Lügen der Furcht, die dich gebunden hielten. Du musst dich nicht anstrengen, damit das geschieht; schaue einfach auf mich. Ich bin deine Freiheit.

Alle Schwere verschwindet aus deinem Leben. Atme die frische Luft eines neuen Tages ein. Die Botschaft des Evangeliums ist, dass ich dir alles, was du brauchst, zur Verfügung gestellt habe. Ich habe dich befreit und ich stärke dich. Hier wird die Gnade des Einsseins mit mir sichtbar. Ich bin alles, was du brauchst. Verbinde dich mit mir. Komm mit mir zu den Bächen der Glückseligkeit; schaue hinein und du wirst sehen, wie das Wasser unsere beiden Gesichter widerspiegelt. Du bist mein Spiegelbild. An diesem Ort der Freiheit bist du alles in der Welt, was ich bin.

Mein Herz antwortet:

Herr, ich danke dir für die Gnade, die du aussteilst. Während ich auf dich warte und mein Herz mit deinem Herzen verbinde, kommen meine Gedanken zur Ruhe und ich kann dich hören. Die Kraft deiner Worte hallt tief in meinem Geist nach, und ich kann spüren, wie sie Leben in mir freisetzen. Ich spüre, wie alles, was du gesagt hast, mich verwandelt. Ich werde nicht mehr die Person sein, die ich vorher war. Ich werde, wozu ich geschaffen wurde.

In deiner Gegenwart wäscht und befreit mich deine Liebe. Ich fühle mich leichter. Die Schwere und die Gebundenheit, die mich geplagt haben, sind abgefallen. Ich habe im Öl deiner Herrlichkeit gebadet, und nun können Lügen nicht länger an mir haften bleiben. In deiner Barmherzigkeit wäschst du selbst den kleinsten Rest von Furcht und Misstrauen von mir ab, und ich werde verwandelt in dein Bild. Ich glänze in der Schönheit dessen, wer du bist.

Tag 34

Sei still und erkenne

«Übergib mir deine Furcht.
Sei still und erkenne, dass ich Gott bin.
Ich bin hoch erhaben über alle Völker,
ich bin geehrt in aller Welt»
(Psalm 46,11; frei nach «The Passion Translation»
aus dem Englischen übersetzt).

Der Herr möchte dir sein Herz zeigen. Er möchte dir eine neue Offenbarung darüber schenken, wer er ist, damit du ihn inniger kennenlernst. Gib dich also seiner Liebe hin und lass innerlich los. Lass dich in seine Arme fallen, in die Arme der Gnade. Lass für einen Moment alle Verantwortung und allen Druck los. Richte deinen Blick auf Jesus und öffne dein Herz für ihn. Bei ihm bist du sicher.

ER, der die Lösung ist, ist hier. Der Gott, der Wunder wirkt und zu seinen Verheissungen steht, ist bei dir, um dich in die Freiheit und Ruhe zu führen. Seine Gegenwart erfüllt die Atmosphäre in dir und um dich herum. Sein Friede bringt deine Gedanken zur Ruhe. Die Herrlichkeit Gottes richtet dich innerlich wieder auf. Er befreit dich von Lasten, die du nicht tragen sollst. Wenn du dich ausgebrannt oder geistlich abgestumpft fühlst, belebt dich seine Liebe neu.

Gib dich ihm hin, und du wirst seine Nähe spüren. Du kannst ihn hören und fühlen! Hat dir jemand etwas anderes eingeredet, ist das eine Lüge, und der Heilige Geist befreit dich gerade jetzt davon. Bleibe an diesem Ort, so lange du kannst. Ruhe für eine Weile in seiner Liebe. Sei still und erkenne, dass er Gott ist. Er ist für dich, und er ist gekommen, um heute bei dir zu sein.

Mein Herz antwortet:

Jesus, ich danke dir, dass du den frischen Atem deines Lebens in mich hinein hauchst. Die Schwere schmilzt, während ich loslasse und bei dir zur Ruhe komme. Ich spüre die Veränderung. Danke, dass du gekommen bist, wie du es versprochen hast. Du bringst mich auf eine neue Ebene deiner Gegenwart, die realer und tiefer ist als alles, was ich zuvor erlebt habe.

Von diesem Moment an werde ich für immer verändert sein. Meine Gedanken werden in deinem heiligen Blut gewaschen. Ich kann nun klar denken, weil meine Gedanken mit den deinen in Einklang sind. Die Müdigkeit hat ein Ende. Eine beständige Freude, die nur du geben kannst, stärkt mich. Ich spüre neue Hoffnung und neuen Glauben in mir aufsteigen. Ich spüre, wie mein Herz erneuert wird, während du mich von jeder Last befreist. Ich bin innerlich ruhig und gefestigt, weil du da bist.

Tag 35

Unerschütterliches Vertrauen in ihn

«Erhebe dich, meine Geliebte.
Öffne mir dein Herz weit, meine Liebste.
Wirst du mich in dieser dunklen Nacht empfangen?
Keine kommt dir gleich, meine Freundin»
(Hohelied 5,2; frei nach «The Passion Translation»
aus dem Englischen übersetzt).

Ein neuer Tag bricht an, an dem wir in dem absoluten Vertrauen darauf, wer wir sind und was unsere gottgegebene Bestimmung ist, leben. Es beginnt in dem Moment, in dem wir uns ihm von ganzem Herzen hingeben und unser Leben gegen sein Leben eintauschen. Wenn wir all unsere Wünsche und Sehnsüchte Jesus abgeben, verbinden wir uns ganz neu mit dem, der in uns lebt. Wir lassen uns nicht länger von unserem eigenen Willen bestimmen, sondern wir strecken uns danach aus, von ihm zu hören und die Absichten seines Herzens zu verstehen. Wenn wir der Zeit mit Jesus Priorität einräumen und beginnen, unsere wahre Identität zu verstehen, werden wir uns voller Zuversicht als seine Braut erheben. Wir werden vom Herrn eingenommen, und das verändert alles.

Wenn du dir deiner Identität gewiss bist, wenn du weisst, wer du in Christus bist, wenn du dich ihm völlig ausgeliefert hast, dann wird er dir sein Herz anvertrauen. Trotz der Dunkelheit, die die Erde bedeckt, wirst du in seinem Licht leuchten. Du wirst voller Zuversicht seinen Willen verkünden, weil du sein Verlangen kennst. Dazu sind nur liebeskranke Menschen fähig, die ihren Gott kennen. Finde dich selbst in diesem Geheimnis wieder.

Nimm den Ruf an, mit ihm zu regieren und seine Autorität überall dort, wo du hingehst, aufzurichten. Du wirst verwandelt und kommst hervor als die schöne und sichere Braut, die er immer vor Augen hatte.

Mein Herz antwortet:

Herr, ich danke dir, dass du meine Seele von Zweifeln befreist. Hilf mir, nicht auf mich zu schauen, wenn ich in Situationen komme, in denen ich deine Wunder benötige. Ich will mich nicht davonstehlen, wenn du mich aufforderst, mutige Schritte zu gehen. Ich beuge mich vor dir und lege meinen Willen, meinen Stolz und meine Ängste vor dir ab. Du hast mich berufen, in deiner vollkommenen Liebe zu leben, die jede Furcht vertreibt. Ich danke dir für die Kraft dieser Wahrheit.

Ich unterstelle mich dir und erkläre, dass ich mich nicht von der Angst, dumm dazustehen, bestimmen lassen werde. Ich muss niemanden beeindrucken, denn es geht nicht um mich, sondern um dich. Zweifel werden das Licht, das in mir leuchtet, nicht länger trüben. Ich bin ganz und gar dein, und ich glaube an deine Herrlichkeit in mir. Mir ist allein wichtig, wie du mich siehst. Unsere Liebe ist meine einzige Motivation. Es ist ein Vorrecht für mich, in deiner Autorität zu wandeln. Danke, dass mir heute neuen Glauben schenkst und mir dein Herz anvertraust.

Tag 36

Setze sein Licht frei

«Finsternis bedeckt die Erde und Dunkel die Völkerschaften,
doch der HERR strahlt über dir auf,
und der Glanz seiner Herrlichkeit erscheint über dir!
Nationen werden von deinem strahlenden Licht angezogen …»
(Jesaja 60,2–3; frei nach «The Passion Translation»
aus dem Englischen übersetzt).

Der Herr offenbart Bereiche in unserem Herzen, die nicht nach ihm aussehen oder nach ihm klingen. Er hat unsere Gebete gehört und ist gekommen, um uns zu verwandeln. Er befreit uns von Selbstbezogenheit, Kompromissen und limitierenden Glaubenssätzen. Wir haben uns danach gesehnt, in der Fülle seiner Verheissungen zu leben, darum wird er uns zeigen, was uns daran hindert. Jesus kommt zu einer Braut ohne Flecken und Runzeln, zu einer strahlenden Braut, die in dem Licht seiner Herrlichkeit in eine dunkle Welt hineinleuchtet.

Wenn wir uns ihm völlig unterordnen, strahlen wir mit dem Glanz seiner Herrlichkeit. Wenn wir Gottes Wesen annehmen und in seiner Liebe, Barmherzigkeit, Freundlichkeit, Weisheit und Frieden wandeln, werden Nationen von uns angezogen werden. Die ganze Welt wird wissen, dass wir ihm gehören; wir werden das Wesen Christi wie einen angenehmen Duft verbreiten.

Sein Licht wird von uns ausgehen und die Völker mit seiner Gegenwart überfluten. Wir werden Frieden in das Chaos hineinbringen und Heilung verbreiten. Zusammen mit seiner hingegebenen, liebeskranken Braut wird Jesus alle Dinge wiederherstellen. Wir sind zum perfekten Zeitpunkt auf dieser Erde; es ist unsere Zeit, zu leuchten.

Mein Herz antwortet:

Danke, Herr, dass du mir seelische Ablenkungen offenbarst, die mich daran hindern, hell zu leuchten. Du bringst Licht in jeden Bereich meines Lebens, der dich nicht widerspiegelt, und ich bin dir so dankbar dafür. Mein Verlangen ist es, in der Fülle dessen zu leben, wer du in mir bist. Ich möchte in jeder Hinsicht so aussehen und klingen wie du und aus der Kraft des Einsseins mit dir leben. Ich gebe die Kontrolle ab und unterstelle mich deiner Herrschaft; ich gebe mich deinem Geist in mir hin und entscheide mich, dir vollkommen zu vertrauen.

Dein Verlangen wird nun zu meinem Verlangen. Ich nehme meinen rechtmässigen Platz ein. Die Frucht des Geistes wird in meinem Leben sichtbar und zeugt von deiner grossen Liebe. Meine Worte sind mit Gnade gewürzt. Von meinen Händen fliesst dein heilendes Öl. Dein Wesen ist mein Wesen, und ich lerne, als eine neue Schöpfung zu leben. Du erfüllst mich durch und durch und ich bin mir unseres Einsseins bewusst. Ich werde zu der Braut, von der du immer geträumt hast. Gemeinsam bringen wir Licht in die Dunkelheit.

Tag 37

Dein allerschönstes Geschenk

«Siehe, meine Freundin, du bist so schön –
du bist die Schönheit selbst für mich!
Deine Augen hinter dem Schleier sind wie Tauben.
Welch eine Hingabe sehe ich jedes Mal, wenn ich dich anschaue»
(Hohelied 4,1; frei nach «The Passion Translation»
aus dem Englischen übersetzt).

Eines Tages fand ich mich während der Anbetung im Himmel wieder. Ich war mir der natürlichen Welt nicht länger bewusst; ich war ganz dort, und ich war voller Schrecken. Ich stand in einem riesigen Thronsaal und die ganze Umgebung überwältigte mich so sehr, dass ich unfähig war, mich zu bewegen. Ich fühlte mich wie festgeklebt auf der Stelle und war in Ehrfurcht erstarrt. Ich kam mir vor wie ein kleines Mädchen, das in Lumpen gekleidet ist. In dem Moment, als ich Jesus sah, schien mein Herz beinahe zu zerspringen. Ich verlor auf der Stelle jedes Bewusstsein für mich selbst. Ich war gelöst und völlig frei. In der Atmosphäre des Himmels gibt es keine Hemmungen. Wir sind dort frei, so zu sein, wie er uns geschaffen hat.

Ich begann zu schluchzen und auszurufen: «Ich liebe dich, Jesus! Ich liebe dich, Jesus!» Es war keine anmutige Anbetung; ich schrie unkontrolliert meine Liebe heraus. Als Antwort darauf neigte Jesus sich mir entgegen. Ich streckte meine Hand aus, um sein Gesicht zu berühren. Seine ganze Aufmerksamkeit war auf mich gerichtet, während er meine Liebe in sich aufsog. Der Himmel stand für einen Moment still, als Jesus die Belohnung für sein Leiden empfing: meinen Liebesbeweis in Form von Tränen und lauten Schreien.

Deine Liebe, egal, wie schwach oder unfähig du dich fühlst, bewegt Jesus, und während er sich daran erfreut, wird der Himmel still. Ob es ein Flüstern oder ein Schrei ist, er schätzt es, wenn du ihm deine Liebe zum Ausdruck bringst. Der Schrei deines Herzens, diese Flut von unverfälschter Anbetung, ist seine Belohnung. Der Ausdruck deiner Liebe berührt sein Herz.

Mein Herz antwortet:

Jesus, du bist der Allerschönste! Es begeistert mich zu hören, wie sehr du dich an meiner Liebe erfreust. Mir fehlen die Worte, um die Liebe zu beschreiben, die in mir aufsteigt; und zu wissen, dass du trotz all meiner Schwachheit meine Liebe zu dir schätzt, überwältigt mich. Dich anzubeten ist mein Leben geworden, und ich werde meine Zuneigung vor dir nicht zurückhalten.

Mit jedem Atemzug erkläre ich dir meine absolute Hingabe. Ich bin dein. Worte können die Tiefe meiner Leidenschaft und Wertschätzung nicht wirklich beschreiben, aber ich schenke sie dir dennoch, um dich zu segnen und dich zu erfreuen, wie du mich erfreust. Danke, dass du meine Liebe annimmst. Obwohl sie mir unzureichend erscheint, findest du Gefallen daran. Trinke sie. Geniesse sie, Herr, denn meine Hingabe ist echt.

Tag 38

Das Licht vertreibt alle Dunkelheit

«Jesus sprach: ‹Ich bin Licht für die Welt;
und diejenigen, mich annehmen, werden lebensspendendes Licht
empfangen und nicht in der Finsternis wandeln›»
(Johannes 8,12; frei nach «The Passion Translation»
aus dem Englischen übersetzt).

Du bist in das Reich des Lichts versetzt worden, wo Dunkelheit nicht bestehen kann. In diesem Licht manifestieren sich wahre Freiheit, Befreiung und Durchbrüche. Als ein Kind des Königs bist du eins mit seinem Geist, eins mit der Herrlichkeit, die alle Dunkelheit, die dir begegnet, vertreibt. Du hast ein Geschenk empfangen, das keine Macht dir nehmen kann. Der Herr hat dir Freiheit zugesprochen und sie in dein Herz gemeisselt. Das Böse kann sie nicht stehlen. Es kann dein Leben auch nicht länger beherrschen, wenn du in Einheit mit Jesus lebst. Ergreife die Wahrheit über diese unvorstellbare Kraft.

Diese Kraft, diese Verbindung mit dem Licht selbst, hat aus dir eine neue Schöpfung gemacht. Licht und Liebe haben dich verwandelt und dein komplettes Wesen verändert. Seine Liebe hat dir die Tür zu einem völlig neuen Leben geöffnet. Dein altes Ich ist gestorben.

Wenn Jesus allein dein Leben bestimmt, hat der Feind keine Handhabe, um zu stehlen, was rechtmässig dir gehört. Du hast die gleiche Autorität, die Dunkelheit zu vertreiben, wie Jesus sie hat, denn er ist in dir. Wenn du dieser Wahrheit zustimmst, kommt dein Herz in Einklang mit seinem. Du kannst jeden Tag in der Kraft dieser Wahrheit leben.

Mein Herz antwortet:

Herr, ich löse mich von allen weltlichen Lasten und seelischen Ablenkungen. Die dunklen Schatten des Zweifels, der Furcht und des Unglaubens sollen mich nicht länger bestimmen. Ich bin ein Kind des Lichts. Wenn ich mir bewusst bin, dass du in mir bist, werde ich von Herrlichkeit zu Herrlichkeit verwandelt, und dafür danke ich dir. In diesem Licht werde ich von der Dunkelheit befreit. In dir sehe ich die Wahrheit.

Danke für die Freiheit, ein Leben in Frieden und Kraft zu führen. Danke für die Offenbarungen und die Begegnungen mit dir von Angesicht zu Angesicht, in denen sich meine wahre Natur in deinen Augen widerspiegelt. Ich werde mir der unvorstellbaren Herrlichkeit bewusst, die du in mich hineingelegt hast. Ich bin eins mit dir. Ich bin stark, weil die Quelle aller Kraft in mir ist. Du bringst mich in Einklang mit der Wahrheit und ich werde nichts anderes akzeptieren. Ich wandle jetzt im Licht dieser Wahrheit und die Dunkelheit hat kein Anrecht auf mein Leben. Deine Herrlichkeit bestimmt meine Realität.

Tag 39

Die «Paulusse» sollen hervorkommen

Ein prophetisches Wort

«… und ich hörte, wie eine Stimme auf Hebräisch zu mir sagte:
‹Saul, Saul, warum verfolgst du mich?
Es ist schwer für dich, gegen meinen Willen anzukämpfen.›
‹Wer bist du, Herr?›, fragte ich.
Und der Herr antwortete: ‹Ich bin Jesus, den du verfolgst.
Steh jetzt auf! Denn ich bin dir erschienen,
um dich zu meinem Diener und Zeugen zu machen›»
(Apostelgeschichte 26,14–16; NL).

Jesus lenkte mein Augenmerk auf diese Schriftstelle und sprach zu mir: «Das Blut von Stephanus schreit zu mir. Viele werden mir in dieser Zeit auf ihrer eigenen Strasse nach Damaskus begegnen.»

Der Himmel fordert Vergeltung für die Morde des Paulus. Führende Persönlichkeiten weltweit, die dabei sind, Gesetze zu erlassen, die der Christenverfolgung dienen und der Menschheit schaden, werden auf ihrem Weg gestoppt werden. Bald schon werden sie eine Begegnung mit Jesus haben.

Es werden viele «Paulusse» hervorkommen. Jesus fordert uns auf, zu beten und sie aus den Nationen und den verschiedensten Lebensbereichen hervorzurufen. Einige von ihnen sind bekannt, andere sind unbekannt, doch sie alle sind getäuscht.

Der Herr wird sie von der grossen Täuschung, die sie gefangen hält, befreien.

Viele werden zu internationalen Evangelisten werden. Sie sind wie Rohdiamanten noch ungeschliffen, doch ihr Charakter wird geläutert werden und sie werden Jesus mit einer heiligen Leidenschaft als Antwort auf seine grosse Liebe und Barmherzigkeit lieben. Sie werden wie Paulus in Ehrfurcht vor Gott als Botschafter seiner Kraft dienen und von einer grossen Hingabe und Kompromisslosigkeit in ihrem Glauben geprägt sein.

Dann sagte der Herr: «Satan hat seine Zeit gehabt! Nun wird sich die Strategie des Himmels entfalten, um die Nationen von der Finsternis ins Licht zu bringen.»

Mein Herz antwortet:

Herr, ich kann nur staunen über deine grosse Gnade und Barmherzigkeit. Du liebst so leidenschaftlich und rein, und ich werde daran erinnert, dass du mich berufen hast, genauso zu lieben. Danke, dass du mich lehrst, den Weg der Barmherzigkeit zu gehen. Du liebst, selbst wenn du richtest. Hilf mir, das Gleiche zu tun. Befähige mich, andere mit deinen Augen zu sehen und daran zu denken, dass du für diejenigen gestorben bist, die dich verfolgten.

Auch ich entscheide mich, denen zu vergeben, die sich mit den Plänen des Feindes eins gemacht haben. Lass diese «Saulusse» aufgrund deiner Barmherzigkeit eine radikale Veränderung erfahren. Offenbare dich ihnen und befreie sie. Entfache in ihnen eine heilige Leidenschaft, die die Welt in Flammen setzt!

Herr, ich stelle mich dir zur Verfügung. Lass deine Herrlichkeit durch mich leuchten, wenn ich Menschen begegne, die getäuscht sind. Sie sollen von der Wahrheit erleuchtet werden, die frei macht. Lass die Weltveränderer hervorkommen!

Tag 40

Worte des Lebens freisetzen

«Aus demselben Mund geht Segen und Fluch hervor.
Dies, meine Brüder, sollte nicht so sein
[denn wir sind moralisch verpflichtet in einer Weise zu sprechen,
die unsere Gottesfurcht und unseren tiefen Respekt
für seine Gebote widerspiegelt]!»
(Jakobus 3,10; frei nach der «Amplified Bible»
aus dem Englischen übersetzt).

Unsere Worte haben schöpferische Kraft. Durch unsere Rede können wir entweder aufbauen oder niederreissen. Wir können heilen oder verletzen, wir können Menschen miteinander verbinden oder Spaltung verursachen. Was wir sagen, offenbart, was in unserem Herzen ist.

Die Qualität unseres Lebens wird durch unsere Sprache und durch unsere Überzeugungen bestimmt. Wenn wir in Übereinstimmung mit dem Himmel leben, werden wir zu einem Klang der Liebe.

Wenn du ein Problem mit Klatsch und Tratsch hast, wenn du dich regelmässig dabei ertappst, wie du scharfe, verurteilende Worte aussprichst, die nicht das Herz Jesu widerspiegeln, dann ist dies der Moment, um in die Freiheit zu kommen. Aus deinem Mund fliesst, was dein Herz erfüllt. Wenn du also merkst, dass deine Worte voller Zweifel, Wut, Angst, Groll etc. sind, bitte den

Herrn, dir zu helfen, das Übel an der Wurzel zu packen und frei zu werden.

Es ist wichtig, dass die Atmosphäre, die uns umgibt, vom Himmel durchdrungen ist. Wir wollen Gott auf dieser Erde repräsentieren und die Kultur seines Reiches ausbreiten. Freundlichkeit, Gnade, Barmherzigkeit und Liebe auszustrahlen ist wunderbar. Und wir sollten uns Gedanken darüber machen, was wir sagen; aber noch wichtiger ist es, an die Wurzel des Problems zu gehen und in den Bereichen Heilung zu erfahren, wo diese missbilligenden Worte ihren Ursprung haben.

Mein Herz antwortet:

Jesus, ich danke dir, dass du diese Sache ans Licht gebracht hast. Ich möchte, dass jeder Teil meines Seins vollständig auf dich ausgerichtet ist. Wasche mit deinem Blut alles Unreine weg, was sich in meinem Reden offenbart. Ich danke dir, dass dies ein neuer Tag für mich ist. Danke, dass du mich von diesem Übel befreist und mein Herz ganz in Einklang mit deinem Herzen bringst.

Sättige mich mit deiner Liebe und heile die Wunden in meiner Seele, die sichtbar werden durch das, was ich sage. Würze meine Rede mit Liebe, Gnade und Mitgefühl. Ich möchte dein Herz für andere empfangen, damit Menschen durch mich allein dich spüren und hören können. Heile die Beziehungen zu Menschen, die ich verletzt habe. Ich gebe dir mein Herz und bitte dich, dass du Herr bist über jedes Wort, das ich spreche. Danke, Jesus, dass du mein Herz heute veränderst und mich frei machst.

Tag 41

Getauft in Liebe

«Wir wurden mit ihm begraben in den Tod.
Unsere ‹Taufe in den Tod› bedeutet auch,
dass wir mit ihm auferweckt wurden,
als wir an Gottes Auferstehungskraft glaubten, diese Kraft,
die ihn aus dem Bereich des Todes auferweckt hat»
(Kolosser 2,12; frei nach «The Passion Translation»
aus dem Englischen übersetzt).

Die Einladung zu einem Leben in Kraft, Frieden, Weisheit und Freude richtet sich an jeden Gläubigen. Jesus ermutigt uns, das neue Leben in ihm zu ergreifen – vollständig. Er heisst uns in dem übernatürlichen Leben, dem Auferstehungsleben, willkommen. Vor jeder Auferstehung findet jedoch zuerst ein Tod statt.

Als Jesus am Kreuz starb, nahm er uns mit. Weil die Liebe ihn drängte, legte er alles nieder, um siegreich auferweckt zu werden und uns daran teilhaben zu lassen. Um der Freude willen, die vor ihm lag, ertrug er das Kreuz. Die Liebe, die wir jetzt erfahren, die Freude, ganz eins mit Jesus zu sein, ist die Kraft unseres Lebens. Wenn wir erkennen, dass nicht mehr wir leben, sondern dass Christus in uns lebt und wir eine völlig neue Schöpfung sind, verändert das unser ganzes Sein.

Die Taufe der Liebe findet statt, wenn wir in seine Auferstehungskraft eintauchen. Der Liebe wegen lassen wir alles los, was Jesus nicht widerspiegelt, damit wir mit seiner Natur auferstehen können. Wir wandeln jetzt in der Kraft und Reinheit des Lebens, zu dem er uns erschaffen hat, und lassen uns allein von dem Geist Gottes in uns leiten. Die Liebe verhilft uns dazu, unsere wahre Identität zu finden. Sie wird zur Hauptmotivation in unserem Leben. Es gibt keine Verbote mehr, weil wir ihm völlig hingegeben sind. Das Geheimnis des göttlichen Lebens ist es, von der übernatürlichen Liebe Gottes in allen Dingen getrieben und motiviert zu sein.

Mein Herz antwortet:

Ich danke dir, Jesus, dass du mein Herz mit der Wahrheit nährst, wer ich in dir bin, und mich daran erinnerst, dass die Kraft der Auferstehung in und durch mich fliesst. Ich möchte an diesem Ort des Bleibens und des Einsseins leben und mich täglich an deiner berauschenden Liebe erfreuen. Ich lade dich ein, die Herrschaft zu übernehmen und mit deiner überragenden Grösse in mir zu leben.

Um der Freude willen, die vor mir liegt – der Freude über unsere völlige Untrennbarkeit –, lege ich alles nieder, so wie du es getan hast. Und ich stehe jetzt auf in deiner Kraft. Die Wahrheit darüber, wer du bist, lässt mein Herz erblühen. Jede Facette deines Wesens entfaltet sich als Offenbarung in meinem Herzen und erfüllt mich mit göttlichem Leben. Danke, dass das vollendete Werk am Kreuz in mir Realität wird.

Tag 42

Licht werden

«Stellt euer Licht nicht unter den Scheffel!
Lasst es vor den Menschen leuchten,
damit eure guten Werke wie Licht über ihnen leuchten;
und dann werden sie euren Vater im Himmel preisen»
(Matthäus 5,16; frei nach «The Passion Translation»
aus dem Englischen übersetzt).

Lebe im Licht des Angesichts Jesu, verbinde dein Herz mit dem seinen, und du wirst Licht werden. Du wirst auf dein Leben, deinen Glauben, deinen Umgang mit Widrigkeiten zurückblicken und merken, dass die Dunkelheit verschwunden ist. Sie hat sich einfach aufgelöst – ohne den Schatten eines Zweifels.

Wenn du dich selbst betrachtest, wirst du mit Staunen feststellen: Du siehst aus wie Jesus. Auf dir ist ein Glanz, der vorher nicht da war. Du verhältst dich und du klingst wie der, auf den du schaust. Die Atmosphäre um dich herum ist erfüllt von Licht und einem Glauben, der den Feind abschreckt; er kann nicht bleiben, wo nicht mit seinen Lügen übereingestimmt wird. Wenn du dich mit der Herrlichkeit in dir verbindest, weicht der Feind zurück. Das ist der Ort der siegreichen Kampfführung. In dieser Realität zu leben bringt einen beständigen Frieden mit sich, der die Dunkelheit vertreibt.

Durch diesen Glauben wird Jesus verherrlicht. Wenn wir im Licht wandeln und es durch uns strömt – durch Liebe, Geduld, Frieden, Mitgefühl und wunderwirkende Kraft –, werden die Menschen wissen, dass wir dem Herrn gehören. Sind wir ganz mit dem Geist Gottes verbunden, wird Agape-Liebe durch alles, was wir sagen und tun, sichtbar werden. Wir werden in Kraft leben und, wo immer wir hingehen, den Himmel auf die Erde bringen, was Jesus verherrlichen wird. Jesus ist Leben und Licht, und wenn wir in seine Gegenwart eintauchen, werden wir von diesem Licht absorbiert, in dem die Dunkelheit aufhört zu existieren. Wir werden eins mit dem Licht selbst.

Mein Herz antwortet:

Herr, bade mich in deiner Herrlichkeit. Wasche mit deiner vollkommenen Liebe all die Schatten weg, die meine Seele noch verdunkeln. Ich komme in Einklang mit Wahrheit und Licht. Ich lasse mich in deine Arme fallen und wende meine Augen von der Dunkelheit ab, die darum ringt, meine Aufmerksamkeit zu gewinnen. Danke, dass du mein Herz neu ausrichtest und meinen Glauben neu erweckst. König der Herrlichkeit, fliesse durch mich.

Ich möchte in dem ständigen Bewusstsein der Liebe leben, ohne mich von irgendwelchen anderen Stimmen beeinflussen zu lassen. Herr, fliesse mit deiner Herrlichkeit in mich hinein und durch mich hindurch. Erleuchte meinen Pfad und leite jeden meiner Schritte. Während wir Seite an Seite gehen, werde ich wie du strahlen und die Dunkelheit vertreiben. Es ist meine grösste Freude, wenn du allezeit verherrlicht wirst.

Tag 43

Jesus stellt dich wieder her

«Denn Gott, der HERR, ist unsere Sonne,
er beschützt uns wie ein Schild. Gnade schenkt der HERR,
und er lässt uns zu Ehren kommen.
Denen, die aufrichtig ihren Weg gehen,
enthält er nichts Gutes vor»
(Psalm 84,12; NGÜ).

Öffnen dem Herrn dein Herz und entspanne dich. Lass einfach los und werde dir seiner überwältigenden Schönheit bewusst. Er ist gerade jetzt bei dir, und er möchte, dass du seine Liebe tiefer spürst als jemals zuvor. Es gibt immer noch mehr und tiefere Räume der Herrlichkeit zu erforschen. Jesus möchte, dass du in jedem Bereich deines Lebens völlig frei bist. Sein Verlangen ist es, dich heute in der Gegenwart seiner unermesslichen Liebe freizusetzen.

Kein Bereich deiner Seele ist für ihn tabu. Weder mentale noch körperliche Probleme liegen ausserhalb seines Einwirkungsbereiches. Er möchte, dass du gesund und heil bist, mehr noch, als du es dir wünschst, und er hat den Preis dafür bereits bezahlt. Während du in der Gegenwart Jesu ruhst, heilt er dich und stellt dich wieder her. Er nimmt dir die schweren Lasten ab, die du ihm bereitwillig übergibst.

Du kannst nicht in der Schönheit von Gottes Herrlichkeit verweilen, ohne von ihm berührt zu werden. Sein Wesen trieft von Liebe, Kraft, Wahrheit und Herrlichkeit. So wie wir es in den Evangelien lesen: Er heilte die Kranken, er weckte die Toten auf, er reinigte die Aussätzigen und er trieb die Dämonen aus. Durch seinen Tod und seine Auferstehung hat Jesus seine geliebte Schöpfung in ihren ursprünglichen Zustand und ihre eigentliche Bestimmung zurückgeführt. Das tut er heute auch für dich.

Mein Herz antwortet:

Jesus, wenn ich über die Herrlichkeit deiner Liebe nachdenke, bin ich überwältigt. Du hast mir so treu gedient und mir bereits so viele Siege geschenkt. Danke, dass du mich wiederherstellst und mich in den Tiefen meiner Seele, die von Schmerz erfüllt waren, heilst. Du stellst mich wieder her und richtest meine Identität nach der deinen aus.

Ich spüre, wie du in die Tiefen meines Herzens dringst und deine Liebe in jede Zelle ausgiesst. Du zeigst mir, dass ich ein Königskind bin, dass ich geliebt und dass ich dein Traum bin. Ich muss nicht mehr ums Überleben kämpfen, weil ich mir deiner Liebe gewiss sein kann. Ich glaube der Wahrheit, dass ich geheilt bin. Ich weiss um die Kraft deines Geistes in mir. Mein Herz wird lebendig, und ich werde in der Wirklichkeit deiner Liebe und Treue für immer leben.

Tag 44

Leben im Licht der Herrlichkeit

«Gott! Stelle uns wieder her!
Lass dein Angesicht über uns leuchten
mit den Strahlen deiner Herrlichkeit,
so wird uns nichts und niemand aufhalten können»
(Psalm 80,4; frei nach «The Passion Translation»
aus dem Englischen übersetzt).

Während ich die folgende Begegnung schildere, richte dich auf den Herrn aus. Öffne ihm dein Herz und erwarte, dass er dir Offenbarung schenkt. Schmecke und sehe. Trinke aus seiner Gegenwart. Die heutige Andacht soll dir die Tür zu einer persönlichen Begegnung mit ihm öffnen.

Jesus brachte mich zum Vater. Ich stand vor ihm und war von Angst erfüllt. Ich drehte mich um und betrat einen Ort der Dunkelheit. Im nächsten Augenblick wurde ich zu einer Säule aus Licht. Eine Dreifachhelix der DNA des Vaters wirbelte mit herrlichem Licht in und durch mich hindurch. Ich wurde von der Furcht Gottes ergriffen. Der allmächtige Gott reinigte mein Sein, ich wurde verklärt und vervollständigt mit seiner eigenen DNA. Plötzlich verstand ich, dass ich in diesem Moment einen Vorgeschmack auf die bevorstehende Vollendung der Braut bekam.

Wir sind dazu berufen, im Tempel unseres Gottes, in der Herrlichkeit des Himmels, zu leben, während wir uns auf einer dunklen Erde befinden. Die Erde seufzt und wartet darauf, von der Knechtschaft der Vergänglichkeit befreit zu werden. Als Söhne und Töchter, als seine Braut, sollen wir Licht in die Dunkelheit bringen. Wir sind dazu berufen, den Klang des Himmels in das Chaos zu bringen und beständig in Gottes Herrlichkeit zu leben, anstatt uns immer wieder hinein und hinaus zu bewegen. Wir sind dazu bestimmt, voller Zuversicht als Säulen des Lichts in dieser Welt zu stehen und ihn durch unsere Worte, Taten und unseren Glauben sichtbar machen.

Mein Herz antwortet:

Herr, ich danke dir, dass du mich mit deinem vollkommenen Wesen in Einklang bringst. Ich lege jede falsche Identität vor dir ab. Ich erhebe mein Herz und mein Haupt zu dir und unterstelle mich dir ganz neu. König der Herrlichkeit, komm und fülle alles in mir mit deiner heiligen DNA. Wasche meinen Geist mit deinem reinigenden Licht. Ich kann jetzt sehen, wie goldene Ströme lebendigen Wassers über jede Zelle in mir fliessen. Du erweckst mich zu der Person, die ich wirklich bin.

Jesus, ich danke dir, dass du mir diese Offenbarung immer wieder neu schenkst. Ich schätze, was du mich lehrst, und empfange es tief in mir. Das Licht der Welt ist in mir. Ich bin eins mit dir und ich werde in der Offenbarung dieser Wahrheit allezeit leben. Auch wenn ich mitten in der Dunkelheit stehe, werde ich für dich leuchten.

Tag 45

Du bist genug

Ein prophetisches Wort

«Dann werdet ihr befähigt zu erfassen,
was jeder Heilige erfährt – das Ausmass der
erstaunlichen Liebe Christi in allen ihren Dimensionen.
Wie innig und tiefgehend ist seine Liebe!
Wie beständig und umfassend!»
(Epheser 3,18; frei nach «The Passion Translation»
aus dem Englischen übersetzt).

Wo du nicht du selbst sein kannst, wo du dich innerlich ausgetrocknet fühlst, sättigt Jesus dich mit sich selbst. Wo du geistlich dehydriert bist und Dämonen deinen Verstand in Besitz genommen haben, offenbart Jesus dir den grossen «Ich bin». Der König steht auf. Er steht auf für dich. Er hat dein Schreien gehört und ist aufgestanden.

Auch wenn der Feind dich verwirrt hat, Jesus wird seine Täuschung zerschlagen. Er wird die Lügen, die behaupten, du seist nicht heilig genug, nicht gut genug, nicht wichtig genug, oder dass man dich nicht lieben könne, niederreissen. Vielleicht willst du gern mehr sein, als du tatsächlich bist, um von ihm geliebt und angenommen zu werden. Aber er liebt dich bereits. Er hat dich angenommen und dich zu sich gezogen, als er am Kreuz hing.

Du musst nichts anderes tun, als diese Wahrheit zu akzeptieren und in der Glückseligkeit eures Einsseins zu leben, während du dich ihm völlig hingibst. Jesus schaut dir in die Augen und sagt: «Du bist mein wahr gewordener Traum. Du bist keine Enttäuschung. Ich liebe dich so, wie du bist. Richte deine Augen auf mich und ich werde dich heilen, dich erfrischen und dich verwandeln. Lass mich an deinem Herzen arbeiten. Ich halte dich. Bei mir kannst du dich sicher fühlen. Ich bin hier.»

Mein Herz antwortet:

Jesus, ich danke dir, dass du mir immer mehr Wahrheit offenbarst. Du tust es gerade jetzt. In diesem Moment offenbarst du mir den unendlichen Reichtum deiner Herrlichkeit und Gnade. Übernatürliche Kraft strömt durch mein Innerstes – es ist deine göttliche Kraft. Es ist der grenzenlose Reichtum des Lebens mit dir, Jesus, und ich empfange ihn! Schenke mir noch mehr Offenbarung darüber, wer du bist. Sättige mich mit deiner Herrlichkeit.

Indem ich die Gabe des Glaubens, den du mir gegeben hast, regelmässig einsetze, wird dein Leben in mir freigesetzt. Deine Liebe wird zur Quelle meines Lebens. Ich werde befähigt zu erfassen, was jeder Heilige erfährt – das Ausmass der erstaunlichen Liebe, die du für mich hast, in allen ihren Dimensionen.

Tag 46

In Einheit leben

«Bleibt in mir, und ich werde in euch bleiben»
(Johannes 15,5; NGÜ).

Der Vater fordert uns auf, im Garten seines Herzens zu bleiben. Er sehnt sich danach, dass wir allezeit die Glückseligkeit seiner Liebe erfahren, seinen Willen kennen und seine Weisheit empfangen. Die Tage liegen hinter uns, wo wir uns aus seiner Gegenwart hinein und hinaus bewegt haben; wir sind nun völlig eins mit Christus. Das ein unermesslicher Segen. Gott möchte, dass wir in ununterbrochener Gemeinschaft mit ihm leben, von Geist zu Geist, ohne Unterlass.

Du bist eingeladen, in der Gegenwart des Königs zu verweilen, in ihm zu bleiben und täglich von dem Geist, der in dir lebt, gelehrt zu werden. Wenn der Herr den ersten Platz in deinem Herzen einnimmt und du ihm täglich deine Zuneigung zum Ausdruck bringst, wird er deinen Geist, deine Seele und deinen Körper mit ihm in Einklang bringen. Der Himmel ruft dir zu, dich so eng mit dem Geist Gottes zu verbinden, dir seiner so vollständig bewusst und von ihm erfüllt zu sein, dass alles in dir von seinem Licht verwandelt wird.

Wenn du den allmächtigen Gott anschaust, wirst du in jedem Bereich deines Lebens Ganzheit und Gesundheit erfahren. Er ist die Weisheit der Zeitalter. Jesus ist die Tür, die vor dir geöffnet ist. Trete ein. Mache die Gegenwart des Herrn zu deiner Wohnung, und die Dinge der Welt werden blass und klein.

Mein Herz antwortet:

Jesus, du bist so herrlich! Ich danke dir für das Vorrecht, in dir zu bleiben. Heiliger Geist, nimm alles weg, was versucht, mich abzulenken. Ich wünsche mir, an diesem Ort des ständigen Austausches mit dir zu leben. Ich will nicht, dass irgendetwas unsere heilige Einheit stört. Darum löse ich mich von allen seelischen Verstrickungen, die keine geistliche Frucht hervorbringen. Ich möchte, dass mein Leben von dir zeugt.

Vorübergehende Anfechtungen werden mein Verlangen nach dir nicht schwächen. Ich werde nicht versuchen, mich aus Schwierigkeiten herauszureden, stattdessen werde ich dir in die Augen sehen. Ich werde mich auf die Herrlichkeit des Himmels einstimmen und hören, was du sagst. Du bringst meinen Geist und meine Seele dazu, in Übereinstimmung mit deinem Geist zu leben. Deine Gegenwart ist meine Freude. Ungeachtet des Chaos, das mich umgibt, werde ich an dich denken. Ich werde dich anschauen und verkünden, dass du allein heilig bist.

Tag 47

Liebende regieren

«Keine kommt dir gleich, meine Freundin, meine Gefährtin.
Erhebe dich heute Nacht und komme zu mir.
Du bist meine treue Taube, eine perfekte Partnerin für mich.
Meine Vollkommene, wirst du dich erheben?»
(Hohelied 5,2; frei nach «The Passion Translation»
aus dem Englischen übersetzt).

Wir werden in das Bild unseres königlichen Bräutigams verwandelt. Die Vertrautheit mit ihm erweckt unser Herz und wir werden an die Eigenschaften und das Wesen Gottes erinnert. Wenn wir Zeit mit dem Herrn verbringen, wenn wir an den Wahrheiten, die er uns offenbart, festhalten und in dem Bewusstsein unserer heiligen Einheit leben, fangen wir an, immer mehr wie Jesus auszusehen und zu klingen.

Wir werden zu der Braut, von der er immer geträumt hat. Wir werden vertraut mit den Wünschen seines Herzens, und es ist eine Ehre für uns, ihn der Welt um uns herum zu offenbaren. Unsere Liebesbeziehung mit Jesus verleiht uns Sicherheit, ihn auf dieser Erde zu repräsentieren.

Um es in der Sprache der Könige zu sagen: Die Königin steht an der Seite des Königs und übt zusammen mit ihm Autorität aus. Liebende regieren miteinander. Sie vertrauen einander und arbeiten einträchtig zusammen, um das Reich, in dem sie herrschen, voranzubringen. Jesus hat uns berufen, mit ihm zu regieren, von jetzt an und bis in Ewigkeit. Wir sollen mit ihm zusammenzuarbeiten, damit alle Dinge wiederhergestellt werden. Wir sind dazu bestimmt, das Reich Gottes, wo immer wir hingehen, freizusetzen und seine Schönheit, Souveränität, Macht, Vollkommenheit und Weisheit zu demonstrieren.

Er hat sich entschieden, dies mit uns und durch uns zu tun. Damit sein Traum jedoch Wirklichkeit werden kann, müssen wir ihm glauben. Wir müssen seine Worte beherzigen und glauben, dass wir, wie er es gesagt hat, zu seiner königlichen Familie gehören.

Mein Herz antwortet:

Jesus, ich bin von dieser Offenbarung überwältigt. Bisweilen fühle ich mich unbedeutend und unwürdig, völlig ungeeignet für eine solche Aufgabe. Aber du offenbarst mir mit unendlicher Geduld dein Herz. Du möchtest, dass ich alle Zweifel ablege und deiner Wahrheit glaube; dass ich nicht auf das schaue, was im Natürlichen möglich ist, sondern mich für die ewige Wirklichkeit öffne.

Danke, dass du mich erlöst hast, dass du mich durch deinen Geist immer schöner machst und mich heilig machst, damit ich neben dir, meinem majestätischen König, stehen darf. Danke, dass du mich berufen hast, an deiner Seite zu herrschen, und mir das Zepter der Autorität anvertraut hast. Dein Herz zu kennen und die Realität deiner Macht und Liebe auf der Erde freizusetzen, erachte ich als eine Ehre, die nicht selbstverständlich ist.

Tag 48

Die fortwährende Erfahrung der Liebe

«Die mit einem festen Sinn umgibst du mit Frieden, weil sie ihr Vertrauen auf dich setzen!»
(Jesaja 26,3; NL).

Die Absicht des Feindes ist es, uns von Gottes Herrlichkeit fernzuhalten. Darum versucht er, uns zu desensibilisieren und uns beschäftigt zu halten. Er will, dass unser Leben von Gebundenheit, Zerbrochenheit und Entfremdung bestimmt wird. Wenn es ihm gelingt, unsere Seele derart mit Problemen zu beladen, dass wir vergessen, wer wir sind, hindert er uns daran, Autorität auszuüben. Doch wir entscheiden, wem wir uns ausliefern. Wir entscheiden, mit welcher Realität wir übereinstimmen.

Die Gnade Gottes befähigt uns, in der Tiefe unseres Herzens mit Jesus verbunden zu bleiben, selbst wenn wir in Gefahr sind, gedanklich von Furcht, Unglauben und Stress überwältigt zu werden. Wir sind berufen, eng mit Jesus zu wandeln, auch in Zeiten, wo unser Leben von Geschäftigkeit, Krisen oder Müdigkeit bestimmt wird. Er möchte, dass wir wissen, dass er uns trotz der Dinge, die wir durchmachen, nicht verlassen hat.

Sind wir uns unserer Verbindung mit dem Herrn bewusst, werden wir keine leichte Beute für den Feind sein. Wenn wir seine Liebe fortwährend erfahren, werden wir fest in Christus stehen und eine himmlische Perspektive haben. Und diese Liebe wird auch unseren Geist und unsere Seele reinigen. Selbst wenn unser Glaube geprüft wird, werden wir siegreich daraus hervorgehen. Es gibt keine Prüfung, die gross genug wäre, um uns von seiner Liebe zu trennen.

Mein Herz antwortet:

Jesus, mein Herz ist auf dich gerichtet. Lange genug habe ich deine Gegenwart nur hin und wieder gesucht. Von nun an werde ich, durch deine Gnade, in deiner Liebe bleiben und mich auf dein Herz einstimmen. Danke, dass du mich berufen hast, aus meiner Identität in Christus zu leben. Ich bin von unserem Einssein absolut überzeugt.

Aufgrund dieses Bewusstseins, dass du in mir bist, kann nichts zwischen uns kommen. Keine Prüfung kann mich von dir trennen. Stürme mögen toben, aber meine Seele ist still. Mein Geist ist ruhig, und ich höre, wie du mir deine Liebe und Weisheit zuflüsterst. Ich werde durch deine Liebe gestärkt.

Was auch immer kommen mag, mein Geist wird durchtränkt von deinem lebendigen Wasser. Die Sichtweise des Reiches Gottes ist die einzige Wahrheit, mit der ich übereinstimme. Die Furcht kann mich nicht länger in Besitz nehmen, denn deine Liebe hält mich. Deine Hand ist auf mir.

Tag 49

Gott überflutet dich

«..., den Trauernden Zions Frieden,
ihnen Kopfschmuck statt Asche zu geben, Freudenöl statt Trauer,
ein Ruhmesgewand statt eines verzagten Geistes,
damit sie Terebinthen der Gerechtigkeit genannt werden,
eine Pflanzung des HERRN, dass er sich durch sie verherrlicht»
(Jesaja 61,3).

Ich sah den Herrn wie eine überlaufende, sprudelnde Quelle fliessen. Er bewegte sich mit grosser Kraft, um all den Schutt zu entfernen, der dich blockiert und begrenzt. Öffne dich gerade jetzt dafür. Jesus giesst sich in dein ganzes Sein – deinen Körper, deine Seele und deinen Geist – aus, um dich freizusetzen. Der Geist Gottes überflutet dich mit seiner Herrlichkeit. Die Kraft Gottes spült alle Hindernisse weg, die sich angesammelt haben. Der Tröster tröstet dich. Er richtet dich neu aus und erinnert dich daran, wie geliebt, behütet und wertvoll du bist.

Nichts kann verhindern, dass sich der Plan Jesu in deinem Leben erfüllt. Er möchte, dass du ihn vollständig erfährst, und zwar in einer Weise, wie du es nie zuvor erlebt hast. Richte dein Herz darauf aus, was er für dein Leben beabsichtigt. Die Liebe bringt dich in eine neue Dimension der Realität, die das natürliche Denken übersteigt.

Während du im Licht seines Angesichts wandelst, wird seine Perspektive zu der deinen. Freiheit wird zu deiner ständigen Erfahrung werden, sodass du auch andere in diesen übernatürlichen Lebensstil führen kannst. Glaube steigt in dir auf und beseitigt alles, was dich zuvor daran gehindert hat, mit Christus vorwärtszugehen. Du wirst für immer verändert werden.

Mein Herz antwortet:

Jesus, ich fühle, wie deine Herrlichkeit durch mein ganzes Wesen strahlt. Die Dunkelheit hat ihre Macht verloren und wird durch die Kraft deiner Liebe vollständig beseitigt – diese Liebe, die alles verändert. Danke, dass du meine Sichtweise erneuerst, sodass sie mit der deinen übereinstimmt. Du stimmst mich auf die Frequenz des Himmels ein und gibst mir Weisheit. Was mich einst daran hinderte, in vollkommenem Frieden zu leben, existiert nicht mehr; deine Herrlichkeit hat es weggewaschen. Von nun an wird jede Prüfung und jede Herausforderung dazu dienen, mich näher zu dir zu bringen.

Meine Seele beugt sich vor dir. Meine Gedanken sind eins mit deinen Gedanken und mein Herz ist auf ewig mit deinem Herzen verbunden. An diesem Ort der Verbindung kann mich nichts mehr blockieren. Nichts kann mich aus der Ruhe bringen. Ich lebe in der Kraft unseres Einsseins und lasse mich nur noch von deinem Geist leiten. Mein Zeugnis ist, dass deine vollkommene Liebe mich frei gemacht hat. Dein Leben in mir hat meine Realität neu erschaffen.

Tag 50

Eingetaucht in Licht

Ein prophetisches Wort

«Denn siehe, Finsternis bedeckt die Erde und Dunkel die Völkerschaften; aber über dir strahlt der HERR auf, und seine Herrlichkeit erscheint über dir» (Jesaja 60,2).

Heute wird dir Sieg auf ganzer Linie zuteil. Wo der Feind dich angegriffen, gefangen gehalten, gequält, eingeschüchtert und unterdrückt hat, setzt Jesus dich frei. Er offenbart die Lügen des Bösen. Du bist nicht klein und unbedeutend. Der Feind ist ein Lügner! Er ist entlarvt worden, und Jesus wäscht dich heute mit seiner strahlenden Liebe. Der Feind hat keine Macht mehr über dein Leben! Der Boden, der zur Spielwiese für seine Manipulationen und Lügen wurde, wird vom Herrn zurückerobert und er sagt: «Nie wieder!»

Engel dienen dir. Dinge im unsichtbaren Bereich, die deine Bewegungen eingeschränkt, dir die Luft abgeschnürt oder dich gehindert haben, dich geistlich auszudrücken, werden von dir weggenommen. Jesus trennt dich davon ab. Er setzt dich frei! Das Licht Christi, seine Wahrheit und seine Liebe strömen vom Himmel direkt in dein Herz. Das Licht vertreibt Finsternis, Scham, Selbstverdammnis und Anschuldigungen.

Die Herrlichkeit Jesu in dir ist wie eine Explosion von Licht. Das Licht und die Kraft des lebendigen Gottes sind gegenwärtig. Empfange sie in den Bereichen, wo du sie brauchst. Tauche in sein Licht ein, das wohltuend und heilend ist. Jesus zerstört alle Lügen, er schliesst alle Wunden und befreit dich mit seiner verändernden Kraft.

Mein Herz antwortet:

Jesus, lass dein Licht jeden Schatten in meinem Verstand und in meinem Herzen sprengen, wo der Feind seine Lügen einnisten konnte. Ich übergebe dir jede Täuschung, an die ich geglaubt habe. Ich will mit dieser alten Denkweise nichts mehr zu tun haben. Auch unbewusste Überzeugungen, die mein Leben beeinflusst haben, übergebe ich dir.

Ich danke dir, Jesus, dass ich leuchte, wenn ich mich deiner Herrschaft unterstelle. Ich entscheide mich bewusst, unter deiner Herrschaft zu bleiben. Du bist der wahre und helle Morgenstern, der in jeden Winkel meines Seins hineinleuchtet. Nichts ist verborgen vor deinem suchenden Blick.

Mit der Präzision eines Laserstrahls entfernst du jede Lüge in mir und richtest mich auf die Offenbarung darüber aus, wer du bist. Ich übergebe dir jeden Gedanken, Jesus. Bringe meine Gedanken und mein Herz in Einklang mit deiner heiligen Wahrheit. Der Wind deines Geistes weht über mir. Deine Herrlichkeit erhellt jede Zelle meines Seins. Ich spüre, wie sich mir ein neuer Raum im Geist öffnet. Ich empfange heute das Geschenk der Freiheit.

Tag 51

Das Wort in mir

«Tue mir dein Wort auf,
bis das Licht der Herrlichkeit hervorleuchtet!»
(Psalm 119,130; frei nach «The Passion Translation»
aus dem Englischen übersetzt).

Das Wort ist wie eine Tür, die zu einem Raum führt, der mit den Schätzen des Herzens Gottes gefüllt ist – Schätzen, die darauf warten, von denen entdeckt zu werden, die ihn kennenlernen wollen. Wenn wir Zeit mit dem Herrn verbringen und uns auf sein Wort und das, was er zu unseren Herzen spricht, ausrichten, fangen wir an, ihn wahrhaftig kennenzulernen.

Wenn wir unser Augenmerk darauf richten, die Absichten seines Herzens zu verstehen, beginnen wir seinen Willen für unser Leben und das der anderen zu erkennen. Sein Wort verändert unsere Einstellung und macht uns frei, tief in seine Gegenwart einzutauchen und dort zu bleiben.

Sich mit Gottes Wort vertraut zu machen ist ein einfaches Mittel, um ihm zu begegnen. Wenn wir in die Schrift gehen mit dem einen Ziel vor Augen, ihn kennenzulernen, offenbart uns der Heilige Geist das Herz von Jesus, der das Wort ist. Während wir mit einem offenen, weichen Herzen das Wort lesen, wird der Geist der Wahrheit uns lehren.

Das Licht des Wortes wird unseren Weg erleuchten und wir werden sehen, wohin Jesus uns führt, sodass seine und unsere Schritte synchron sind. Ohne uns anzustrengen, leben wir plötzlich in der Wahrheit und geben die Wahrheit anderen weiter. Das lebendige Wort nimmt jeden Schatten der Dunkelheit weg und setzt uns frei, diejenigen zu sein, die wir bereits in ihm sind.

Mein Herz antwortet:

Jesus, ich komme zu dir und bitte dich, alle Lehren und Denkweisen aufzudecken, die nicht mit deiner Wahrheit übereinstimmen. Ich weise jeden verdammenden Gedanken zurück, der meine Sicht im Hinblick auf das Studium der Schrift beeinflusst hat. In diesem Moment befreist du mich von dem religiösen Geist, der versucht hat, mich daran zu hindern, dich, der du das Wort bist, zu erforschen und mich an dir zu erfreuen. Eine neue Liebe für das Wort erwacht in meinem Herzen, und ich bin so dankbar!

Ich will dich kennenlernen. Jeden Tag, wenn ich in die Schrift eintauche, wird dein Geist mich leiten. Lügen werden aufgedeckt und mein Glaube wird durch die Wahrheit neu ausgerichtet. Aller Druck weicht. Dein Wort ist meine Freude und ich sauge es in mir auf. Ich werde nun in völliger Freiheit leben – mit einem klaren Verständnis von Gottes Wort, das in mir lebendig ist.

Tag 52

Gott will dich neu vernetzen

«Lasst euch von dem Heiligen Geist
durch die völlige Erneuerung eurer Denkweise
innerlich verwandeln. Dann werdet ihr wissen,
was Gottes Wille ist, und ein wunderbares Leben führen,
an dem er Freude hat und das in seinen Augen vollkommen ist»
(Römer 12,2; frei nach «The Passion Translation»
aus dem Englischen übersetzt).

Aufgrund dessen, wie einige von uns aufgewachsen sind, besitzen sie nicht die neurologische Fähigkeit, sich der Liebe und Annahme Gottes gewiss zu sein. Sie glauben es vielleicht, aber sie haben Mühe, es zu erfahren. Heute wird der Herr dein Gehirn neu vernetzen. Ich spüre seine Freude darüber, was er gerade jetzt in dir tut. Eine einzige Begegnung mit ihm kann deine Nervenbahnen auf wundersame Weise neu verdrahten.

Der Geist Gottes setzt weisses Licht in deinem neurologischen Schaltkreis frei. Er heilt dich und gibt dir die Fähigkeit, Freude zu empfinden und ein Verständnis dafür zu entwickeln, wer du wirklich bist, wie er dich sieht und wie viel Freude du ihm bringst, wenn ihr zusammen seid. Alle negativen Denkmuster werden umprogrammiert.

Der Herr heilt die Wahrnehmungsfähigkeit in deinem Geist, damit du ihn erfahren kannst. Deine emotionale Kompetenz, dich zu verbinden, wird ebenfalls geheilt. Er entfernt alles, was dich davon abgehalten hat, mit ihm eins zu werden. Alle Schmerzen und Traumata, die den Zugang zu ihm verhindert haben, werden beseitigt.

Seine Gnade steht dir heute zur Verfügung. Erlebe, wie Jesus in dir am Wirken ist und deine Nervenbahnen neu vernetzt. Gott möchte, dass du den Reichtum des Lebens mit ihm und in ihm geniesst. Der Heilige Geist arbeitet in dir und setzt diese Heilung tief in deinem Inneren frei. Er wird dafür sorgen, dass nichts deine Fähigkeit, die Realität Gottes in deinem Leben zu erfahren, einschränkt.

Mein Herz antwortet:

Herr, ich danke dir, dass ich nicht in der Vergangenheit leben muss. Ich muss unsere Beziehung – ob bewusst oder unbewusst – nicht ständig infrage stellen. Ich glaube, dass du mich heute heilst und alle Gedankenmuster umprogrammierst, die nicht mit deiner Wahrheit übereinstimmen. Du hast mir den Sinn Christi gegeben, damit ich so denken kann, wie du denkst.

Aufgrund dieser emotionalen Heilung empfange ich ein neues Verständnis über deine Liebe zu mir. Ich empfange die Fähigkeit, dich und unsere untrennbare Beziehung zu geniessen. Statt das Leben aus dem Blickwinkel des Schmerzes der Vergangenheit zu betrachten, betrachte ich es nun aus dem Blickwinkel deiner überschwänglichen Liebe. Du hast mich erwählt und du möchtest, dass ich mir deiner Liebe und Annahme gewiss bin. Ich muss mich nicht mehr verstellen! Ich bin geliebt, und weil diese Wahrheit immer tiefer in mein Bewusstsein dringt, werde ich diese Liebe ohne Furcht auch anderen weitergeben.

Tag 53

Völlig sicher

«Der Gott des Friedens aber wird in Kurzem den Satan unter euren Füssen zertreten. Die Gnade unseres Herrn Jesus Christus sei mit euch!» (Römer 16,20).

Wir sind für den Herrn heilig. Darum beschützt er uns mehr, als uns bewusst ist, und sorgt für uns. Nichts ist begeisternder, als zu wissen, dass wir die Quelle der Freude Gottes sind. Wir haben sein Herz erobert. Wir sind seine Geliebten, und er ist unser Geliebter. Die Schönheit dieser Wahrheit wird sich uns immer mehr entfalten.

Die Taktiken des Feindes werden bedeutungslos, wenn wir diese göttliche Romanze ausleben. Bleiben wir in Jesus, kann der Feind laut brüllen, doch wir sind im Frieden und ruhen sicher in der Gegenwart unseres Königs. Halte deine Augen auf Jesus gerichtet, wenn die Hölle um deine Aufmerksamkeit ringt.

Bleibe verbunden mit dem Herzen deines Beschützers, Vaters, Ratgebers, Erlösers und Königs. Jesus ist der Liebhaber deiner Seele. Der Vater ist die Quelle der Liebe, und wenn dein ganzes Sein in seiner Liebe getränkt ist, wird alle Furcht weichen. Sie wird aus deinem Leben verschwinden, wenn du in ihm bleibst, denn Furcht kann nicht mit Liebe koexistieren.

Der Feind will, dass du in einer Realität lebst, die nicht der Wahrheit entspricht. Aber du bist dazu berufen, dem Himmel gemäss auf der Erde zu leben, deine Identität zu kennen, neben Christus zu sitzen und von diesem Ort der Sicherheit aus zu leben.

Mein Herz antwortet:

Herr, ich möchte niemals von der Realität unseres Einsseins abdriften. Ich danke dir, dass du mich heute neu ausrichtest und mir hilfst, meinen Blick zu fokussieren, sodass ich nur die Wahrheit sehe. Du hast mich nicht verlassen und du wirst mich nie verlassen. Deine Herrlichkeit breitet sich in mir bis ins Zentrum meines Seins aus. Die Liebe hat mich ganz gemacht und mich von Furcht befreit.

Fürst des Friedens, ich werde meine Gedanken niemandem ausser dir unterstellen. Du hast Satan unter meinen Füssen zertreten, und ich bin mir deiner Kraft in mir bewusst und werde darin leben. Ich empfange jetzt deinen Frieden, während ich auf die Kraft deiner vollkommenen Liebe vertraue. Ich werde im Bewusstsein deiner Gegenwart leben und meinen Sinn auf das Himmlische ausrichten. Vor allem werde ich unsere Beziehung schützen, indem ich ruhiger werde und den Frieden, den du mir geschenkt hast, bewahre.

Tag 54

Die Kraft einer Begegnung

«Durch seinen Geist enthüllt Gott uns diese tiefen Wahrheiten. Ja, er hat uns sein Herz und seine verborgensten Gedanken durch den Heiligen Geist offenbart, der ständig alles erforscht» (1. Korinther 2,10; frei nach «The Passion Translation» aus dem Englischen übersetzt).

Eine Begegnung mit Jesus hat das Potenzial, dein ganzes Leben zu verändern. Ein göttlicher Moment kann deine Wahrnehmung von dir selbst und von Gott komplett verändern. Vielleicht bist du besiegt oder bedrückt in seine Gegenwart gekommen, aber du gehst siegreich wieder heraus. Vielleicht bist du als Bettler oder als Waise gekommen, aber du gehst als Königin oder als König wieder heraus. Jede Begegnung mit der manifesten Gegenwart Gottes hinterlässt Spuren in deinem Leben; du kannst also immer zurückblicken und dich neu an die Wahrheit erinnern, solltest du sie vergessen haben.

Du weisst, dass du eine Begegnung mit Jesus hattest, wenn sich Veränderungen in deinem Leben bemerkbar machen; es wird unverkennbar Frucht sichtbar werden. Die Liebe zu Gott und zu anderen Menschen wird dein Leben bestimmen. Das Wort Gottes wird sich stärker auf dein Herz auswirken. Du wirst anfangen, Dinge anders zu sehen. Du wirst demütiger sein und dein Herz wird mit Dankbarkeit erfüllt sein. Alles in dir wird auf Wahrheit ausgerichtet sein, was in den verschiedensten Bereichen zum Ausdruck kommen wird.

Begegnungen mit dem Herrn ziehen uns näher zu ihm. Es sind Geschenke der Herrlichkeit, die wir wertschätzen sollten. Das tun wir beispielsweise, indem wir Tagebuch darüber führen, den Heiligen Geist um mehr Einsicht bitten und diese anderen weitergeben, wenn der Herr uns so leitet.

Mein Herz antwortet:

Jesus, was für ein unglaubliches Vorrecht ist es, in das Angesicht des Einen zu schauen, nach dessen Bild ich geschaffen bin! Jede Begegnung mit dir ist kostbar und lebensverändernd. Ich bin so dankbar für deine grosse Barmherzigkeit und Gnade. Ich bin liebeskrank und absolut überwältigt von der Schönheit deiner Heiligkeit. Jedes Mal, wenn ich dir begegne, verstehe ich besser, was es bedeutet, deine Braut zu sein. Danke, dass du den Schleier von meinen Augen und meinem Herzen entfernt hast, damit ich dich klarer sehen und hören kann.

Während ich täglich Zeit in deiner Gegenwart verbringe, will ich die Offenbarungen, die du mir schenkst, tief in mir aufnehmen. Ich will diese kostbaren Wahrheiten ehren, indem ich darüber nachsinne. Ich danke dir, dass du deine Geheimnisse mit mir teilst, mir Weisheit offenbarst und mir mit inneren Bildern die Schönheit der Erlösung vor Augen malst. Es ist meine grösste Freude, mit einem offenen Herzen vor dir zu leben und von deiner Liebe verwandelt zu werden.

Tag 55

Lebendige Tore

Ein prophetisches Wort

«Erwacht, ihr lebendigen Tore!
Erhebt eure Häupter, ihr ewigen Pforten!
Heisst den König der Herrlichkeit willkommen,
denn er ist dabei, durch euch einzuziehen!»
(Psalm 24,7; frei nach «The Passion Translation»
aus dem Englischen übersetzt).

Jede Erfahrung, die ich weitergebe, ist auch für dich bestimmt. Darum ergreife diese Offenbarungen und nimm sie in dein Herz auf.

Vor einigen Jahren nahm Jesus mich mit in den Himmel. Ich wurde durch einen Wirbel gezogen und stand auf einmal neben ihm. Ich war in funkelnde Herrlichkeit gekleidet und trug ein Gewand aus weissem Licht. Jegliches Bewusstsein für die irdische Welt war mir abhandengekommen. Ich war ganz dort, mit jeder Faser meines Wesens vollständig in Christus, erfüllt mit der ganzen Fülle Gottes. Ich bekam einen Vorgeschmack auf das kommende Zeitalter und die vollständige Verwandlung der Braut. So stand ich neben unserem König, als sein Gegenüber.

Das ist, was wir bereits sind und was wir gleichzeitig noch werden. Wenn wir uns dem Herrn hingeben und vor allem anderen unseren König anbeten, bringt er seine strahlende Braut hervor. Wir sind die lebendigen Tore, durch die er einzieht. Wenn wir in Jesus bleiben, uns mit ihm beschäftigen und unseren Geist weit für ihn öffnen, wird Gottes Licht der Herrlichkeit alle Dunkelheit vertreiben.

Nur darum geht es jetzt – Gott zu erlauben, uns zu verzehren und ihn mit unserem ganzen Herzen, unserem ganzen Verstand und unserer ganzen Kraft zu lieben. Unser Leben soll vollkommen auf ihn ausgerichtet sein. So erhebt eure Häupter, ihr ewigen Pforten! Heisst den König der Herrlichkeit willkommen, denn er wird durch euch einziehen.

Mein Herz antwortet:

Jesus, das wünsche ich mir. Indem ich mein Haupt erhebe und dieses Tor zu der irdischen Dimension öffne, lade ich dich ein, mich zu verzehren, mich zu verwandeln und dich durch mich zu offenbaren. Ich lege alles ab und gebe mich dir hin, Jesus. Ich danke dir, dass ich – gemäss der Kraft, die in mir wirkt – durch deine Gnade an Format und Stärke zunehmen werde. Mein ganzes Wesen soll mit deiner Vollkommenheit verwoben sein, bis jeder Teil von mir in Einklang damit ist, wer ich als neue Schöpfung in dir bin.

Gebrauche mein Leben als deinen Weinschlauch. Entferne alle Verstopfungen, damit du ungehindert durch das Tor meines Geistes strömen kannst. Jesus, du bist mein König und der Wächter meines Lebens. Deine Gnade befähigt mich, mich deiner Herrschaft zu unterstellen. Sei willkommen, König der Herrlichkeit, leuchte durch mich!

Tag 56

Seine Gegenwart ist unser Zuhause

«Jesus antwortete: Wenn jemand mich liebt,
so wird er mein Wort halten, und mein Vater wird ihn lieben,
und wir werden zu ihm kommen
und Wohnung bei ihm machen»
(Johannes 14,23).

Im Zentrum unseres Seins, wo der Herr wohnt, ist unser Zuhause. In einer Vision sah ich, wie mehrere Türen unseres Herzens weit geöffnet waren, und ich wusste, dass der Herr mir damit sagen wollte, dass wir unser Zuhause verlassen hatten. Wir hatten uns der Ablenkung und dem Druck zugewandt und unseren sicheren Ort, den Ort des Friedens, der Versorgung und der Freude, verlassen.

In dieser Vision brachten wir jeden Bereich unseres Herzens zurück nach Hause. Als wir anschliessend wieder mit Jesus in der Mitte unseres Seins zusammensassen, schlossen sich die Türen an der Aussenseite. Die Tore, die der Feind benutzt hatte, um uns mit Furcht, Sorgen und einer Menge anderer Unruhen zu bombardieren, waren zu. Ein überwältigendes Gefühl von Sicherheit und Entspannung überflutete uns und all der Stress löste sich auf.

Die Gegenwart des Herrn ist unser sicherer Ort, unser Zuhause. Es ist der Ort, an dem wir erfrischt werden und Halt finden, während wir zur Ruhe kommen und uns auf den ausrichten, der in unserem Geist wohnt. Der Herr hat sich entschieden, in Gefässen aus Fleisch und Blut zu leben, sich mit uns zu bekleiden und uns zu seiner Wohnung zu machen.

Wir sind in ihm und er ist in uns, doch wir entscheiden, wohin wir uns wenden. In seiner Gegenwart zu wohnen ist eine Entscheidung. Jeder Augenblick, jede neue Situation bietet uns die Wahl zwischen Frieden und Stress. Bleiben unsere Herzen auf ihn ausgerichtet, bleiben wir in der Sicherheit seiner Gegenwart? Oder wenden wir uns einer Tür zu, die uns von unserem Zuhause wegführt?

Mein Herz antwortet:

Jesus, diese Offenbarungen sind wahre Schätze! Was für eine Freude ist es, zu wissen, dass ich meinen Frieden nicht immer wieder verlieren muss, sondern dass ich ständig in der Realität dessen, wer du in mir bist, leben, mich bewegen und sein kann. Danke, dass du diese Wahrheit heute tief in meinen Geist eingravierst: Wir sind eins. Wir sind untrennbar, und doch muss ich mich entscheiden, wo mein Herz sein Zuhause findet.

Heute entscheide ich mich neu für dich. Ich ziehe dich allen temporären Ablenkungen vor. Du bist meine Wohnung. Dein vollkommener Friede hält allen Prüfungen stand. Ich werde mein Herz zu Hause in deiner Gegenwart lassen, wo es sicher ist, und die Türen nur für dich offen halten.

Tag 57

Er verändert deine Situation

«Gott ist für uns Zuflucht und Schutz,
in Zeiten der Not schenkt er uns seine Hilfe mehr als genug»
(Psalm 46,2; NGÜ).

Was auch immer du an Leid, Enttäuschung oder Stress durchmachst, Gottes Arm ist nie zu kurz, um zu retten. Vielleicht wurden deine Gebete nicht erhört und du bist deswegen verwirrt? Vielleicht fühlst du dich niedergeschlagen oder schämst dich wegen deines Unglaubens? Sei dir gewiss: Jesus liebt dich und er möchte deine Situation verändern. Er möchte, dass du in deinem Leben seine Güte erfährst.

Er ist dir nicht böse. Er hat sich nicht von dir abgewandt. Er ist gerade jetzt bei dir – ja, er ist dir näher, als ein Mensch es je sein könnte. Christus in dir ist deine Hoffnung auf die Herrlichkeit. Seine Gegenwart ist die Kraft deines Lebens. Wende dich ihm zu. Richte deine Aufmerksamkeit auf die Realität seines Geistes in dir. Er möchte jeder Not, ob geistig oder praktisch, begegnen. Alles, worum er dich bittet, ist, dass du dich neu an ihn lehnst.

Wenn das Gesagte auf dich zutrifft, dann lass los und öffne Jesus dein Herz. Bete ihn an, bis du seine Gegenwart spürst, und sobald du sie spürst, atme ihn ein. Bleibe in diesem Moment, geniesse seine Gegenwart und trinke seine Liebe, während er dein Bewusstsein für seine Gegenwart, wer du bist und welche Autorität du hast, erneuert. Du kannst seiner Liebe vertrauen. Jesus hat all das Böse, das der Feind geplant hat, besiegt, und er wendet es zu deinem Guten.

Mein Herz antwortet:

Herr, ich bin so dankbar für deine Ermutigung und dein Erbarmen. Wenn ich das Gefühl habe, in einem Sumpf der Verzweiflung zu stecken, kommst du zu meiner Rettung und ziehst mich heraus. Ich kann nur immer wieder über deine Treue staunen.

Mein Herz ist mit dem deinem verbunden, und ich übergebe dir aufs Neue jeden Bereich meines Lebens. Ich halte nichts zurück. Du bist die Kraft meines Lebens. Du bist mein Helfer, der in mir lebt und alle meine Bedürfnisse erfüllt.

Während ich mich dir hingebe und auf unsere Beziehung achthabe, vollbringst du dein Werk in mir und lehrst mich, zu vertrauen. Mein Herz ist erfüllt von der Schönheit deiner Gegenwart in mir und ich werde mir erneut deiner Liebe in jeder Situation bewusst.

Tag 58

Vor den König treten

«Und der König reichte Ester das goldene Zepter entgegen. Da erhob sich Ester, trat vor den König hin …»
(Esther 8,4).

Während einer Anbetungszeit fand ich mich plötzlich im Himmel wieder. Während ich diese Begegnung schildere, ermutige ich dich, dein Herz zu öffnen und zu empfangen, was Jesus für dich bereithält.

Ich stand im hinteren Teil eines riesigen Thronsaals im Himmel. An der Kopfseite des Raumes sass Jesus auf seinem Thron. Rechts im Raum sah ich eine Gruppe von Menschen, die wie Ester durch die Gnade Gottes nur für ihren König gelebt hatten. Eine innige Nähe zu Jesus zeichnete sie aus und die Liebesbeziehung zu ihrem König war, wie für Königin Esther, ihr Schutz gewesen.

In der Bibel wird uns berichtet, wie Haman versuchte das jüdische Volk, Ester eingeschlossen, zu töten. Doch aufgrund ihrer Liebesbeziehung hatte Ester Gunst beim König und konnte Hamans Pläne aufdecken und sicherstellen, dass sie vereitelt wurden. Die Liebe des Königs zu seiner Königin bewirkte, dass die Pläne des Feindes zunichte gemacht wurden. Und das können wir heute auch für uns in Anspruch nehmen.

Wir sind eingeladen, wie Esther in völliger Hingabe an Jesus, unseren König, zu leben und auf die Gunst zu vertrauen, die uns zuteilwird, wenn wir eine heilige Intimität mit ihm pflegen. Wenn die Beziehung zu Jesus Priorität in unserem Leben hat, können wir voller Zuversicht in der Gegenwart unseres Feindes stehen – wissend, dass unser König die Pläne des Feindes durchkreuzen wird. Weil unser Herz mit dem seinen verwoben ist, wird der König sein Zepter der Gunst ausstrecken und zu uns sagen: «Fordere, was du willst! Was immer du willst …» Die absolute Hingabe an den Herrn ist unser grösster Schutz.

Mein Herz antwortet:

Jesus, ich trete vor dich wie Ester und entscheide mich heute, mich dir durch deine Gnade hinzugeben und allein zu dem Wohlgefallen meines Königs zu leben. Danke, dass du mich mit deiner Gunst umgibst. Ich bin so dankbar, dass du Engel zu meinem Schutz an meine Seite gestellt hast und mich mit deiner Gegenwart umhüllst, sodass die Pläne des Feindes in meinem Leben vereitelt werden.

Von ganzem Herzen will ich dir meine Anbetung bringen und zur Freude deines Herzens leben. Wasche mich mit dem Öl deiner reinigenden Liebe und nimm alles weg, was nicht die Schönheit meines Königs widerspiegelt. Ich gebe mein Leben ganz dir und will neben dir stehen in der Autorität, die du mir anvertraut hast. Jesus, ich wünsche mir, dass es mehr Menschen wie Ester auf dieser Welt gibt, damit du den Lohn für deine hingebungsvolle Liebe empfängst.

Tag 59

Ruhe eine Weile bei ihm aus

«In der Tiefe meines Herzens weiss ich,
dass du, HERR, ein Schild um mich her bist;
du umgibst mich mit dir selbst.
Du allein bist meine Ehre,
und du hebst mein Haupt empor»
(Psalm 3,4; frei nach «The Passion Translation»
aus dem Englischen übersetzt).

Starke traumatische Erfahrungen in unserem Leben können durch noch stärkere Begegnungen mit der Liebe Gottes überwunden werden. Genau das erlebte ich, als ich Jesus das erste Mal traf. Ich kannte ihn vorher nicht; ich war klinisch depressiv und versuchte verzweifelt, irgendwie zu überleben. In einem göttlichen Moment stand Jesus selbst vor mir. Er schaute mich an, wobei Wellen von Licht aus seinen Augen strahlten und ein irisierendes Leuchten von ihm ausging. Heilende Liebe strömte Welle für Welle in mich hinein.

Liebe, die stärkste Kraft überhaupt, durchtränkte mich und brachte mich zurück ins Leben. Der Friede Gottes breitete sich in mir aus und alle Bewältigungsmechanismen wurden ausser Kraft gesetzt. Die Mauern, die ich aufgebaut hatte, um zu überleben, zerbröckelten in seiner Herrlichkeit. Alle schmerzhaften Erinnerungen lösten sich augenblicklich auf, als die Liebe in mich hineinfloss. Dann streckte er seine Hände zu mir aus und sagte: «Komm mit mir! Komm und ruhe eine Weile bei mir aus!» Er führte mich auf einen Hügel, wo wir uns zusammen hinsetzten, und für eine lange Zeit weinte ich, während die Liebe Jesu mich wieder und wieder überflutete und mich ganz heil machte.

Was Jesus mir geschenkt hat, kannst auch du empfangen. Öffne dein Herz für ihn. Sieh in seine Augen, die mit überfliessender Liebe gefüllt sind. Er ist mit dir und in dir. Lass alles los und sei in diesem Moment ganz mit ihm. Atme seine Gegenwart ein und atme den Stress aus. Lass dich in ihn fallen, während jede Anspannung schmilzt und die Erfahrung seiner Liebe alle Traumata, die du jemals erfahren hast, überwindet. Komm und ruhe eine Weile bei ihm aus.

Mein Herz antwortet:

Danke, Jesus, dass du mich einlädst, dir auf diese Weise zu begegnen. Dich kümmert, was ich durchgemacht habe, und ich werde mir schlussendlich bewusst, dass meine Vergangenheit nicht stärker ist als du. Ich muss mich nicht anstrengen, um dich zu spüren. Ich muss auch nicht das perfekte Gebet beten. Ich muss einfach nur auf deine Liebe vertrauen und mich ihr hingeben. Du bist mein Vater, mein Daddy, mein Erlöser, mein Schöpfer, mein Heiler und mein Freund; du bist der, der treu an meine Seite eilt, wenn ich mit mir selbst am Ende bin.

Ich wende mich dir voller Zuneigung zu und atme die Atmosphäre deiner Liebe ein. Du begegnest mir gerade jetzt. Auch wenn ich deine Liebe schon länger nicht erfahren habe – sie hat andere Menschen verändert, und sie wird dasselbe für mich tun. Du bist jetzt hier, während ich mich eine Weile bei dir ausruhe.

Tag 60

Erinnere dich, wer du bist

Ein prophetisches Wort

«Steh auf in deinem Glanz und leuchte.
Denn dein Licht ist gekommen,
und die Herrlichkeit des HERRN geht von dir aus!»
(Jesaja 60,1; frei nach «The Passion Translation»
aus dem Englischen übersetzt).

Wenn ich einen prophetischen Eindruck weitergebe, ermutige ich dich, das Gesagte in deinem Herzen zu empfangen. Stelle es dir bildlich vor. Jesus ist die Tür, so gehe durch diese Tür hindurch und nimm alles in Empfang, was der Himmel für dich bereithält. Es ist real, darum lass dich darauf ein und mache es dir zu eigen. Wenn die Wahrheit in dir Substanz annimmt, werden Himmel und Erde eins werden und was Jesus beabsichtigt, wird in Erfüllung gehen.

Du bist dazu bestimmt, eine Inspiration zu sein. Du bist dazu berufen, Salz und Licht zu sein. Du sollst als neue Schöpfung leuchten und Hoffnung ausstrahlen. Bereits vor Grundlegung der Welt hat Gott dich gekannt; und nun trägst du einen Teil seines Wesens in dir, der einzigartig ist und den niemand sonst besitzt. Auch wenn du dich mitunter unverstanden, unbedeutend und falsch ausgerichtet fühlst, fordert der Herr dich auf, deine Augen zu ihm zu erheben. Erkenne, wie du dich darin widerspiegelst, und erinnere dich daran, wer du wirklich bist.

Die einzigartigen Eigenschaften, die du besitzt, sind ein Geschenk – ein wunderschöner, einmaliger Ausdruck Gottes, den andere kennlernen sollen. Erhebe dein Haupt! Öffne dein Herz! Schaue auf Jesus. Sehe das Angesicht Gottes. Der Glanz, den du wahrnimmst, ist jetzt Teil von dir. Seine Güte und Herrlichkeit sind in dir. Was du bislang erlebt hast, ist nur ein Vorgeschmack. Lass dich tiefer in ihn fallen und dich von diesen Wahrheiten erwecken.

Mein Herz antwortet:

Jesus, deine Schönheit überwältigt mich! Der Gedanke, dass ich in deinem Ebenbild geschaffen bin und deine Herrlichkeit trage, ist verblüffend. Ich bin wirklich eine neue Schöpfung. Ich bin nicht einfach mehr nur ein Mensch! Ich bin ein Gefäss des Allerherrlichsten. Danke, dass du gestorben bist, damit ich dieses Leben empfangen kann. Danke, dass du mich in die Liebesgemeinschaft mit dem Vater, dem Sohn und dem Heiligem Geist einlädst, dass du mich bevollmächtigst und durch mich leuchtest. Danke, dass du mich verwandelst.

Ich bin schön und stark, weil der Herrliche in mir lebt. Ich mache mich eins mit dir, Herr! Ich werde mich nicht durch das begrenzen lassen, was ich im Natürlichen sehe, sondern in dem Bereich leben, wo ich von Herrlichkeit zu Herrlichkeit geführt werde. Ich werde mir diese Wahrheiten aneignen, bis jeder Gedanke in mir deiner Herrschaft unterstellt ist.

Tag 61

Die Kraft der Intimität und Ehrfurcht

«Das Offenbarungs-Licht seines Wortes
lässt meinen Geist hell leuchten»
(Psalm 19,8; frei nach «The Passion Translation»
aus dem Englischen übersetzt).

Durch das Wort bekommen wir Zugang zu Gottes Gegenwart. Indem wir uns mit seiner Souveränität auseinandersetzen, werden unsere Herzen getröstet und alle Furcht muss weichen. Wenn wir über die Schönheit Jesus nachdenken, entsteht Intimität. Unsere Liebe zu ihm wird entzündet und wir können ihm leichter vertrauen und uns auf ihn stützen. Wenn wir über Christus in uns nachsinnen, uns mit dieser Realität auseinandersetzen und über die Ehrfurcht vor dem, der in uns wohnt, reflektieren, wird unser Geist und unser Herz erweckt und wir werden neu ausgerichtet.

Über die tiefen Wahrheiten der Heiligen Schrift zu meditieren, gibt uns neue Kraft, und darüber hinaus verlieren wir uns selbst. Wenn wir auf ihn blicken, der das Wort ist, und uns mit ihm beschäftigen, werden wir uns seiner mehr bewusst sein als der Situation, in der wir uns gerade befinden. Die Erfahrung, dass Gott selbst in uns lebt, wird uns komplett gefangen nehmen.

Die Souveränität Gottes zu studieren bevollmächtigt uns und gleichzeitig wird unser Herz geschützt. Wir werden getröstet, ermutigt und unsere Demut nimmt zu, während wir ehrfürchtig vor ihm stehen. Er ist ein heiliger Gott. Werfen wir auch nur einen kurzen Blick auf seine Souveränität, werden wir gereinigt. Der Geist der Furcht des Herrn offenbart sich uns und durch unsere Gedanken, Überzeugungen, Worte und Taten spiegelt sich wider, wie würdig er ist. Diese heilige Ehrfurcht bildet das Gegengewicht zur Intimität. Intimität und Ehrfurcht vor Gott gehören zusammen und bewirken, dass wir nicht nur Kraft empfangen, sondern auch mit einem reinen Herzen darin wandeln werden.

Mein Herz antwortet:

Herr, ich bin überwältigt von der Schönheit der Intimität mit dir und dem Wunder deiner Souveränität. Danke, dass du mich erwählt, mich mit deinem Geist erfüllt und mir etwas so Heiliges anvertraut hast. Dein Wort hat mich erweckt und mein ganzes Wesen verändert. Dein Geist und dein Wort begleiten mich. Mir fehlen die Worte, um dir zum Ausdruck zu bringen, wie dankbar ich bin.

Jesus, du bist das lebendige Wort, das mein Herz durchdringt und alle Lügen beseitigt. Die Kraft deiner Worte hat mich neu zum Leben erweckt und meine Sichtweise komplett verändert. Ich will die Wahrheiten und Offenbarungen, die du mir anvertraut hast, ehren, denn sie sind voller Leben.

Heiliger Geist, ich verliebe mich immer wieder neu in dich. Jesus, ich begehre dich mehr als alles andere. Mein Herz steht dir offen. Meine Seele neigt sich vor der Schönheit deiner Majestät. Mein Leben soll der Beweis für deine verwandelnde Liebe sein.

Tag 62

Trete ein

«Ich bin gefangen genommen von deiner Liebe;
ich bin wahrlich überwältigt!
Denn deine nie endende Hingabe an mich
ist das grösste Opfer überhaupt»
(Hohelied 6,5; frei nach «The Passion Translation»
aus dem Englischen übersetzt).

Jesus lädt dich ein, eine völlig neue Ebene der Intimität mit ihm zu erleben, und du wirst jetzt darauf vorbereitet. Indem du dich für ihn absonderst, verwandelt er dich in eine reife, strahlende Braut. Jesus sieht dein Verlangen, und deshalb tut der Heilige Geist ein tiefes Werk in dir. Er weiss, dass du mit einem ungeteilten Herzen vor ihm leben möchtest, und das begeistert ihn.

Der Geist Gottes richtet dein Herz neu aus, damit du so leben kannst, wie du es dir immer gewünscht hast. Du wirst so in ihn verliebt, so von ihm eingenommen, so mit ihm in Einklang sein, dass alles andere verblasst. All das geschieht, weil dein Herz und sein Herz das gleiche Verlangen haben; du sollst in dem Bewusstsein eures Einsseins leben.

Du wirst nicht länger von der Vorstellung, von Gott getrennt zu sein, bestimmt werden. Der Gedanke, der immer wieder in dir aufkommt, dass es eine Kluft zwischen euch gibt, ist eine Täuschung, die aufgedeckt werden wird. Es gibt keine Kluft zwischen dir und Gott. Ihr sind eins. Dir wird die Gnade zuteil, in dieser Offenbarung zu leben, und dein Verständnis wird mit Licht durchflutet.

Deine Leidenschaft hat seine Aufmerksamkeit erregt. Du hast dir gewünscht und dich danach gesehnt, ihn besser kennenzulernen, und er hat dir geantwortet. Du bist jetzt in der Lage, besser zu verstehen und auszudrücken, wer du als seine Braut bist. Dies öffnet eine ganz andere Dimension des Lebens für dich.

Mein Herz antwortet:

Jesus, ich nehme eine neue Beständigkeit in meinem Leben wahr. Das Vertrauen in unser Einssein verwandelt mich. Das Bewusstsein deiner Gegenwart führt zu einer Erneuerung meines Denkens. Ich danke dir, dass du dabei bist, mich zu verändern. Ich spüre es. Das Gefühl der Trennung wird schwächer, und ich bin mir unserer Verbundenheit immer mehr gewiss.

Alles in meinem Leben wird von dieser himmlischen Realität bestimmt. Du bist bei mir und ziehst mich immer näher zu dir, selbst wenn ich abgelenkt werde. Du schenkst mir deine Gnade und überflutest mich mit Offenbarungs-Licht. Jeden einzelnen Moment stehe ich im Strom deiner Herrlichkeit. Auch wenn ich mit Schwierigkeiten konfrontiert bin, spüre ich deine Gegenwart. Ich werde unerschütterlich in meinem Glauben; ich werde zu einer Säule im Haus meines Gottes.

Tag 63

Ein brandneuer Tag

«Ja, wir alle sehen mit unverhülltem Gesicht die Herrlichkeit des Herrn. Wir sehen sie wie in einem Spiegel, und indem wir das Ebenbild des Herrn anschauen, wird unser ganzes Wesen so umgestaltet, dass wir ihm immer ähnlicher werden und immer mehr Anteil an seiner Herrlichkeit bekommen. Diese Umgestaltung ist das Werk des Herrn; sie ist das Werk seines Geistes» (2. Korinther 3,18; NGÜ).

Christus wird in deinem Herzen enthüllt und Wahrheit durchdringt dich mehr und mehr. Merkst du, dass du anders bist? Denn du bist es. Seine Liebe verwandelt dich in jeder Hinsicht. Gott hat dich wach geküsst. Das lebendige Wort ist gekommen, um dich in die Ruhe zu führen und dir eine klare Sicht zu schenken.

Offenbarung strömt in dich hinein und deine Denkweise wird komplett erneuert. Was dich in der Vergangenheit eingeengt hat und deinen Glauben ersticken wollte, existiert nicht mehr. Du gehst nun von Kraft zu Kraft in der Gegenwart des Königs. Es ist an der Zeit, deine Schwingen zu erheben.

Dass Jesus in dir wohnt, wird zur Realität. Wenn du dich auf ihn stützt, nimmt das, was dich bisher belastet hat, immer mehr ab. Deine Gefühle werden geordnet und du beginnst in deinem Geist, deiner Seele und deinem Körper heil zu werden.

Wenn du Zeit damit verbringst, Jesus anzuschauen, werden sich in seiner Gegenwart all die Dinge auflösen, die dich daran gehindert haben, ihm zu glauben und ihm nachzufolgen. Dein Glaube wächst, und das sollte dich ermutigen. Mache es in deinem Herzen fest, lasse es nie wieder los, und du wirst mehr Freiheit, Sicherheit und Glauben in deinem Leben verspüren. Dies ist ein brandneuer Tag!

Mein Herz antwortet:

Jesus, ich danke dir, dass du den Schleier von meinem Herz entfernst, damit ich dich klarer sehen kann. Du nimmst all die Zweifel weg, die meine Seele beschweren. Heute wird durch einen frischen Wind der Ermutigung mein Glaube neu geweckt. Die Wahrheit reinigt meine Seele und verändert mich in einer Weise, wie ich es nie für möglich gehalten habe. Die Vergangenheit kann mich nicht länger verwirren. Stress muss kein Normalzustand für mich sein. Du hältst so viel mehr für mich bereit!

Jeden Morgen will ich meine Augen auf dich richten und dich mit meiner Liebe beschenken. Ich will ehrfürchtig anerkennen, dass du in mir lebst. Du sollst meine Gedanken bestimmen. Ich will den Heiligen in mir ehren. Und wenn ich abgelenkt werde, wenn ich mich für einen Moment in einem Netz der Enttäuschung verheddere, will ich erneut auf dich blicken. Ich will unter dem Wasserfall deiner Liebe sitzen, bis alles in mir deine Schönheit widerspiegelt.

Tag 64

Befähigt durch Liebe

«Siehe, wie gut und wie lieblich ist es,
wenn Brüder einträchtig beieinander wohnen.
Denn dorthin hat der HERR den Segen befohlen,
Leben bis in Ewigkeit»
(Psalm 133,1.3)

Liebe, die grösste Kraft überhaupt, ist erschienen. Als du dieses heilige Geschenk angenommen hast, wurdest du versiegelt und abgesondert. Keine Macht auf der ganzen Welt kann dich nun von ihm trennen. Seine Liebe hat dich frei gemacht. Dein ganzes Wesen wurde von der DNA des Vaters geprägt; deine und seine Identität sind identisch. Du musst die Auswirkungen dieses Wunders nicht erst spüren, bevor du es akzeptierst. Es ist die Wahrheit. Nichts in dir ist grösser als die Liebe. Und Liebe ist dazu da, geteilt zu werden.

Diese radikale Veränderung in uns soll für alle sichtbar werden, indem wir das Herz Gottes widerspiegeln und der Welt zeigen, wie Liebe, Mitgefühl und Einheit aussehen. Wo Einheit gelebt wird, setzt Gott seinen Segen frei, durch den ganze Gesellschaften verändert werden.

Haben wir selbst die Liebe Jesu erfahren und sind davon erfüllt, fliesst sie einfach durch uns hindurch. Wir erkennen auf einmal den Wert jeder Person, der wir begegnen. Wurden wir von einem furchtgetriebenen Selbstschutz geheilt, suchen wir nach Wegen, wie wir andere ermutigen und befähigen können. Hat die Liebe uns frei gemacht hat, geht es uns vor allem darum, diese Liebe weiterzugeben, wo auch immer wir hinkommen. Einheit bewirkt einen ununterbrochenen Fluss des Geistes Gottes, der sich rund um die Welt ausbreitet. Liebe verändert alles.

Mein Herz antwortet:

Herr, ich danke dir, dass du mir die Macht der Liebe, die du mir anvertraut hast, neu bewusst gemacht hast. Deine Liebe ist wie heilendes Öl in mein Herz geflossen, und ich möchte sie mit anderen teilen. Kritik und Verleumdung sollen keinen Platz mehr in meinem Leben haben. Die Angst vor Ablehnung wird mich nicht zurückhalten können. Ich bin durch die Liebe befähigt worden!

Meine Perspektive hat sich nun verändert. Ich sehe andere durch den Filter deines Herzens. Ich spüre, wie dein Geist daran arbeitet, deine Braut zu vereinen. Wie herrlich ist es, wenn wir uns bewusst machen, wer wir sind, um in die Dunkelheit hineinstrahlen zu können!

Ich will auf dein Herz eingestimmt bleiben, damit die Reinheit der Liebe hinter meinen Worten, meinen Taten und meinen Motiven steht. Ich werde meinen Teil tun, um so zu leben, wie du es möchtest; ich will dein Herz erfreuen, indem ich andere durch Liebe befähige.

Tag 65

Mit ihm gestalten

Ein prophetisches Wort

«Da sprach er zu mir:
Weissage über diese Gebeine und sage zu ihnen:
... Und ich weissagte, wie mir befohlen war.
Da entstand ein Geräusch, als ich weissagte, und siehe,
ein Getöse; und die Gebeine rückten zusammen,
Gebein an Gebein.Und er sprach zu mir:
Weissage dem Odem, weissage, Menschensohn,
und sprich zu dem Odem: So spricht der Herr,
HERR: Komm von den vier Winden her, du Odem,
und hauche diese Erschlagenen an,
dass sie wieder lebendig werden!»
(Hesekiel 37,4.7.9).

Gott möchte durch uns die Welt gestalten und diesen Planeten berühren. Er hat uns mit einer Kreativität ausgestattet, die alles übersteigt, was wir uns erträumen können. Dieser Ruf ist grossartiger, als wir es uns vorstellen können, und er richtet sich nicht nur an Künstler, Sänger, Tänzer, Schriftsteller oder Musiker; der Strom der Kreativität soll durch uns alle fliessen. Wir sind wie Pinsel in der Hand des Meisters, die eine grossartige Zukunft mitgestalten!

Der Herr sagt: «Die Zukunft gehört von nun an uns und wir werden sie gestalten. Wir werden Mitgefühl, Freundlichkeit und authentische Liebe verbreiten. Mein Geist wird durch euch wirken und euch mit dem vollen Spektrum meines Lichts durchfluten. Die Zukunft wird geprägt sein von Einheit, dem Leben in mir, der Wiederherstellung aller Dinge und der Ausbreitung meines Reiches.»

Gott befreit uns von Denkweisen und Herzenshaltungen, die uns begrenzen. In der Gesinnung des Reiches Gottes werden wir Güte, Heilung, Weisheit und Barmherzigkeit verbreiten. Atemberaubende Schönheit wird aus Asche hervorkommen, und alles wird neu gemacht werden. Wir werden einen Klang freisetzen, der die Hoffnungslosigkeit der Welt durchdringt und die Menschheit heilt. Gott wird durch uns sprechen, und alles wird auf seine Stimme reagieren!

Mein Herz antwortet:

Herr, ich möchte dieses Wort in seiner Tiefe erfassen. Ich danke dir für das unfassbare Privileg, an deiner Seite mitgestalten zu dürfen! Mit meinem Verstand kann ich die Autorität, die du mir anvertraut hast, nicht erfassen, also ergreife ich sie mit meinem Herzen. Ich werde der Wahrheit vertrauen, dass wir eins sind. Ich muss nicht verstehen, um glauben zu können. Ich muss nur von Ehrfurcht und Staunen ergriffen sein.

Ich glaube, dass ich erleben werde, wie deine Schönheit durch meine Hände, Worte und Taten sichtbar wird. Wenn ich in Einklang mit der Harmonie des Himmels lebe, werde ich deine Worte sprechen und dein Herz widerspiegeln. Gemeinsam werden wir die Erde gestalten und Mitgefühl, Freundlichkeit und Heilung verbreiten, bis jeder die Zeichen deiner Liebe erkennt.

Tag 66

Aus der Ruhe regieren

«Denn nur wir, die wir zum Glauben gefunden haben, werden zur Ruhe Gottes gelangen»
(Hebräer 4,3; NL).

Heute möchte ich eine Wahrheit weitergeben, die dich verändern wird. Ich hatte eine Begegnung mit Jesus, bei der ich mich als seine Braut in ihm befand. Im nächsten Augenblick bewegte er seinen rechten Arm langsam durch die Luft. Er tat das völlig mühelos, doch mit grosser Autorität, und wies dabei eine dunkle Macht vor ihm zurück.

Zwei Dinge fielen mir auf. Zum einen reinigte er die Atmosphäre ohne jede Anstrengung, und zum anderen waren sein Arm und mein Arm eins. Jesus, der König, der alle Autorität besitzt, will uns daran erinnern, welche Position wir in ihm haben. Wir werden die geistliche Atmosphäre mit Leichtigkeit verändern, wenn wir glauben, dass wir in Christus sind, mit ihm bekleidet sind und mit ihm an himmlischen Orten sitzen. Bevor wir jedoch die Atmosphäre um uns herum verändern können, müssen wir unsere eigene Atmosphäre verändern.

Wir dürfen nicht zulassen, dass negative Kräfte unser Leben bestimmen. Gefühle von Unbehagen, Angst oder Schwere, die dem dämonischen Bereich entstammen, sollten wir nicht länger tolerieren. Jesus möchte, dass wir uns der Kraft, die wir in ihm haben, bewusst werden. Er möchte, dass wir mit ihm regieren – voller Vertrauen, Demut und einem gefestigten Herzen.

Wir sind Teil seiner königlichen Familie und er positioniert uns so, dass alles in unserem Leben, was nicht von ihm kommt, mühelos beseitigt werden wird. Wir haben grosse Autorität, wenn wir uns so sehen, wie er uns sieht – nicht als Opfer, sondern als seine Braut, die von einem Ort der Ruhe aus regiert.

Mein Herz antwortet:

Jesus, ich will dir gehorsam sein. Du bist der Einzige, der mein Leben beeinflussen darf. Danke, dass du mir eine neue Denkweise schenkst und mich lehrst, mich auf deine Weisheit auszurichten. Deine Wege sind höher als die meinen, sie sind so viel leichter und einfacher, als ich es mir vorgestellt habe. Ich bin erstaunt, wie mühelos es ist, im Sieg zu leben. Ich muss nur an deine Liebe zu mir glauben.

Ich bin, wer du sagst, dass ich bin. Ich bin deine gesalbte Braut, die mit dir regiert. Ich bete für die Brautgemeinde, dass sie ihre Verantwortung wahrnimmt und deine Gegenwart ausstrahlt. Ich bete, dass wir in der Kraft des vollendeten Werkes am Kreuz leben und dein Herz widerspiegeln. Danke für dieses Privileg. Danke für die Offenbarung, dass wir in dieser Dimension mit dir regieren und den Himmel auf die Erde bringen können.

Tag 67

Gott des Überflusses

«Gott aber vermag euch jede Gnade
[jede Wohltat und jeden irdischen Segen] überreichlich zu geben,
damit ihr in allem allezeit [in jeder Situation,
unabhängig vom jeweiligen Bedarf] alle Genüge habt
[vollständig von ihm versorgt seid] und überreich seid
zu jedem guten Werk; ...»
(2. Korinther 9,8; frei nach der «Amplified Bible»
aus dem Englischen übersetzt).

Der Herr behebt gerade jeden Mangel in deinem Leben. Wo auch immer du Mangel erlebst – ob es deine Finanzen, deinen Glauben, deine Familie, deine Beziehungen oder deine Zuversicht betrifft –, der Gott des Überflusses füllt deine Ressourcen wieder auf. Er befreit dich von einem Mangeldenken, von einer Armutsmentalität und von einem Waisengeist. Die Liebe vertreibt jede Furcht, die dich gequält hat – sei es die Furcht vor Menschen, vor dem Alleinsein, vor Ablehnung oder vor anderen Dingen. Stattdessen wirst du im Überfluss leben.

Christus ist mehr als genug für dich. Er segnet dich nicht nur finanziell, sondern er schenkt dir Wohlstand in allen Bereichen. Er macht dich darüber hinaus fruchtbar. Seine Weisheit, seine Erkenntnis und sein Wesen durchdringen dich. Das wirkt sich auf deine Lebensumstände, deine Beziehungen und die Art und Weise, wie du mit Rückschlägen umgehst, aus. Du empfängst Kraft in den Bereichen, wo Furcht versucht hat, dich zu lähmen.

Bei der Begegnung, von der ich gestern erzählt habe, wo der Arm von Jesus die Mächte der Finsternis zurückwies, geschah noch etwas anderes. Als der Herr seinen Arm bewegte, wurde Herrlichkeit freigesetzt. Alles wurde von der Gegenwart und dem Frieden Gottes durchdrungen. Er selbst breitete sich in dem Raum aus, wo vorher Dunkelheit war, und erfüllte ihn mit seiner Schönheit. Die Leere wurde in Fülle verwandelt. Genau das tut der Herr heute auch in deinem Leben.

Mein Herz antwortet:

Jesus, ich nehme diese unfassbare Verheissung für mich in Anspruch! Danke, dass du allen Mangel ausfüllst und mich in jedem Bereich meines Lebens fruchtbar machst. Du versorgst mich mit allem, was ich brauche; mir fehlt es an nichts. Du bist mehr als genug für mich. Ich spüre nun Frieden, wo ich vorher nur Leere und Mangel wahrgenommen habe.

Du bist bei mir und du stärkst mich. Du erfüllst mich mit dir selbst. Der Schalom Gottes ist mein Erbteil. Du möchtest, dass ich heil und versorgt bin, und ich empfange es. In dir sind alle Verheissungen Ja und Amen. In deiner Gegenwart ist Fülle von Freude, und ich fühle sie in meinem Geist aufsteigen. Du bist die Erfüllung meines Lebens. Du bist der grosse «Ich bin», der Gott der Fülle. Heute empfange ich die Freiheit, mein Leben mit dir zu geniessen.

Tag 68

Von Liebe geleitet werden

«Dies ist mein Gebot, dass ihr einander liebt, wie ich euch geliebt habe. Grössere Liebe hat niemand als die, dass er sein Leben hingibt für seine Freunde» (Johannes 15,12–13).

Wir sind die liebeskranke Braut, die durch die vollkommene Liebe Jesu geheilt wurde. Nun sind wir gerufen, diese Liebe weiterzugeben. Ein Weg, wie wir das tun können, ist, den Menschen in unserem Umfeld Leben und Ermutigung zuzusprechen.

Wir demonstrieren eine Reich-Gottes-Kultur, indem wir allen, mit denen wir zu tun haben, Wertschätzung und Interesse entgegenbringen. Sie sollen das Gefühl haben, gesehen und gehört zu werden und wichtig zu sein. Sie sollen die Liebe Gottes schmecken, während wir ihnen unsere volle Aufmerksamkeit schenken und uns vom Herrn in unseren Gesprächen führen lassen. Wenn wir uns Zeit für Menschen nehmen, ihnen zuhören, sie ermutigen, sie trösten, ihnen Fragen stellen und uns an ihnen erfreuen, werden sie Heilung und Stärkung erfahren.

Sich mit anderen auf einer Herzensebene zu verbinden, öffnet eine Quelle der Heilung. Ich ermutige dich, dir dessen bewusst zu werden. Der Herr möchte, dass wir uns auf dem Fundament unseres heiligen Glaubens gegenseitig aufbauen, einander Mitgefühl zeigen und füreinander eintreten.

Wenn wir Gottes Liebe erfahren haben, sollten wir sie nicht für uns behalten. Liebe ist dazu da, geteilt zu werden. Ist das unsere Grundhaltung, wird die Welt Jesus erkennen. Wir sollen andere so annehmen und wertschätzen, wie wir selbst angenommen und wertgeschätzt werden möchten. Lassen wir uns von Liebe leiten in allem, was wir sagen und tun.

Mein Herz antwortet:

Danke, Jesus, dass du mein Herz veränderst. Ich möchte jedem Menschen, dem ich begegne, dein Herz widerspiegeln. Heiliger Geist, fliesse durch meine Worte, damit jeder, mit dem ich spreche, von deinem Leben, deiner Kraft und deiner Heilung berührt wird. Ich vertraue dir, dass meine Worte und meine Herzenshaltung von dir bestimmt werden.

Herr, ich möchte anderen wegen meiner Liebe in Erinnerung bleiben. Deshalb werde ich meinen Teil tun, um Menschen spüren zu lassen, dass sie wertvoll und wichtig sind, wie du es mich spüren lässt. Du hast mein Leben radikal verändert und mich geheilt auf eine Weise, wie ich es mir nie hätte vorstellen können. Nun möchte ich Leben und Licht für andere sein. Ich möchte ein Segen sein für jeden Menschen, den du mir anvertraust.

Tag 69

Befähigt zu glauben

«Meine alte Identität wurde mit Christus gekreuzigt und lebt nicht länger. Das neue Leben gehört nun nicht mehr mir, weil der Gesalbte sein Leben durch mich lebt – wir sind eins!»
(Galater 2,20; frei nach «The Passion Translation» aus dem Englischen übersetzt).

Wenn du durch schwere Zeiten gehst und das Gefühl hast, völlig überwältigt zu sein und nicht mehr glauben zu können, wird dir diese Schriftstelle Leben spenden. Dieser Vers sagt uns, dass Durchbrüche nicht geschehen, indem wir die Zähne zusammenbeissen und versuchen, krampfhaft zu glauben. Das Gegenteil ist der Fall. Wenn wir alle Sorgen und allen Druck loslassen und unser Leben in die Hand des Herrn legen, übernimmt Jesus die Führung. Sein Sieg wird der unsere. Der Gesalbte, der in uns lebt, befähigt uns zu glauben.

Wenn wir aufhören, selbst Frieden, Geduld und Glauben produzieren zu wollen, wird Jesus uns damit beschenken. Alles, worum er bittet, ist, dass wir uns in ihn fallen lassen. Der Geist Gottes wird durch dich strömen und dich zu einem Leben erwecken, das in krassem Widerspruch steht zu dem Chaos um dich herum. Christus in dir ist die Hoffnung der Herrlichkeit und der Bürge für alles, wofür du geglaubt hast. Er ist unsere Wirklichkeit.

Du musst das christliche Leben nicht aus eigener Kraft führen. Das ist nicht das Evangelium. Der Herr möchte, dass du in jedem einzelnen Moment des Tages erfährst, wie sein Leben auf übernatürliche Weise durch dich hindurchfliesst und du mit einer Kraft, einem Glauben und einer Hoffnung erfüllt wirst, die du niemals selbst produzieren könntest.

Mein Herz antwortet:

Jesus, ich richte mein Herz neu auf dich aus. Ich lasse allen Stress los und werde mir deiner göttlichen Natur in mir bewusst. Du bist der Fürst des Friedens, der die Stürme in mir zum Stillen bringt. Übernimm du die Führung, Herr. Ich habe genug davon, mich abzumühen, damit Dinge geschehen. Ich habe genug davon, verstehen zu wollen, ohne deine Sichtweise zu haben. Ich kann nicht alle Probleme lösen! Aber ich kann mich dir neu hingeben.

Danke, Herr, dass du mir die Kraft gibst, weiterzumachen, wenn ich keine eigene Kraft mehr habe. Dein Geist in mir ist jetzt mein Leben, und das eröffnet mir eine völlig neue Dimension. Du gibst mir die übernatürliche Fähigkeit, in einem Frieden zu leben, der jeder Prüfung standhält. Du schenkst mir neue Gnade, um zu glauben. Ich ruhe jetzt in der Gewissheit, dass du alles unter Kontrolle hast. Ich will es nicht allein schaffen, und ich muss es auch nicht. In dir habe ich alles, was ich brauche.

Tag 70

Der Meistertöpfer

Ein prophetisches Wort

«Aber nun, HERR, du bist unser Vater.
Wir sind der Ton, und du bist unser Bildner,
und wir alle sind das Werk deiner Hände»
(Jesaja 64,7).

Jesus vollbringt ein Werk der Wiederherstellung und Heilung in dir. Er streckt sich dir heute voller Sanftmut und liebevoller Fürsorge entgegen. Unser Hirte, der majestätische König der Herrlichkeit, kümmert sich um die Probleme in deinem Leben, denn es ist an der Zeit, dass du in eine Freiheit geführt wirst, die alles übersteigt, was du bisher erfahren hast.

Der Meistertöpfer, der Schöpfer, der Liebhaber deiner Seele bearbeitet den Ton deines Herzens. Er glättet jeden Riss und repariert jede Bruchstelle. Wo du dämonischen Angriffen ausgesetzt warst und das Leben seinen Tribut gefordert hat, haucht Jesus sanft seinen Geist in dich hinein.

Lehne dich an ihn, während Jesus mit seinen Fingern sanft am Arbeiten ist. Er giesst Wasser auf dein Herz und erweicht es wie Ton auf einer Drehscheibe, während er es glättet, formt und jeden Riss auszufüllt. Es spielt keine Rolle, wie tief der Riss ist; Jesus, der Heiler, stellt dich vollkommen wieder her. Die Hand des Töpfermeisters macht alle Dinge neu.

Richte deine Aufmerksamkeit, die Augen deines Herzens, auf das Angesicht Jesu. Lass dich in seine Arme fallen, während er ein tiefes Werk in dir wirkt. Seine lebensspendende Berührung bringt dich von Herrlichkeit zu Herrlichkeit. Ergreife das im Glauben und lass dich verändern. Durch diese Herzoperation wirst du jetzt verwandelt.

Mein Herz antwortet:

Jesus, ich bete dich an. Du bist mein Leben; die Luft, die ich atme. Ich danke dir für diese wunderbare Einladung und Verheissung. Ich spüre, wie deine sanften Hände jeden Knoten lösen und mein Herz mit dem Öl der Liebe massieren, sodass jeder Schmerz nachlässt. Deine Liebe strömt in mich hinein – vollkommene Liebe, die alle Furcht vertreibt. Du heilst mich und formst mich in dein Ebenbild, sodass ich dich – ohne Risse in meiner Seele – widerspiegeln kann.

Ich bin sicher in dir, geborgen in deinen Armen, die mich bereits vor Anbeginn der Zeit hielten. Ich nehme dieses wunderbare Werk der Heilung und Freiheit an. Meine Seele kommt in Einklang mit deinem Geist. Ich bin ein heiliges Gefäss, nützlich für meinen König. Du hast mich ganz gemacht und nichts – weder Furcht noch Enttäuschung noch der Feind – wird mich jemals von dir trennen können. Jesus, mein Geliebter, du hast mich in deinem heilenden Blut gewaschen, und ich bin frei.

Tag 71

Gefässe der Weisheit

«Von dem Tag an, da wir von euch erfahren haben,
hören wir nicht auf, für euch zu beten,
dass ihr mit der Erkenntnis über Gottes Wohlgefallen
an euch erfüllt werdet und zu Gefässen der Weisheit
und des geistlichen Verständnisses werdet»
(Kolosser 1,9; frei nach «The Passion Translation»
aus dem Englischen übersetzt).

In diesem Vers betet Paulus für das, was im Herzen des Vaters für uns ist – dass wir mit der Erkenntnis über sein Wohlgefallen an uns erfüllt werden. Das Wort «Erkenntnis» trägt in sich auch die Bedeutung von «etwas erfahren». Im Grunde betet Paulus, dass wir in unserem Herzen erfahren, wie viel Freude wir dem Herrn bereiten, indem wir einfach wir selbst sind.

Spürst du eine freudige Erwartungshaltung in deinem Herzen aufsteigen, während du das liest? Wir alle sehnen uns genau danach, und die gute Nachricht ist, Jesus tut es auch. Er möchte, dass wir das Evangelium erfahren – die Realität seines Lebens in uns.

Aus dem Grund kämpft der Feind auch dagegen an; er will nicht, dass wir uns der Vereinigung mit Christus gewiss sind, weil wir ansonsten nicht mehr zu bremsen wären. Jesus aber möchte, dass diese Wahrheit in unserem Herzen verankert ist und wir mit Weisheit, Zuversicht und dem Wissen, wer er ist, erfüllt werden.

Geistliche Wahrheiten wie diese lassen uns lebendig werden! Sie durchdringen die Tiefen unserer Seele und setzen eine Freude in uns frei, die unser natürliches Verständnis übersteigt. Machen wir das Gebet des Paulus zu unserem Gebet und laden wir Jesus ein, unser Herz mit der Erkenntnis über Gottes Wohlgefallen an uns zu erleuchten.

Mein Herz antwortet:

Herr, ich nehme klar und deutlich das Verlangen deines Herzens wahr. Du liebst mich mehr, als ich es mit meinem begrenzten Verständnis erfassen kann. Du sehnst dich danach, dass ich die Kraft unserer heiligen Vereinigung erfahre. Durch Glauben will ich diese göttliche Romanze, dieses Einssein, diese unergründliche Liebe noch stärker erleben. Ich werde darüber nachsinnen, bis es für mich zur täglichen Realität wird. Du wirst es für mich lebendig machen!

Danke, dass du diese Wahrheit in mein Herz ausgiesst: Du freust dich an mir. An mir! Mein Herz ist überwältigt davon, doch ich bitte dich, Herr, höre nicht auf, sie in mein Herz auszugiessen! Höre nicht auf, bis sie zu einer unerschütterlichen Wahrheit in mir wird. Ich werde diese Realität in einem noch tieferen Ausmass erfahren, denn du führst mich von einer Stufe der Herrlichkeit zur nächsten. Und ich werde lebendig aufgrund der Erkenntnis, die du meinem Herzen offenbarst.

Tag 72

Das ist unser Erbe

«Der Herr freut sich über seine treuen Geliebten.
Er krönt sie mit seiner Schönheit und schenkt ihnen den Sieg»
(Psalm 149,4; frei nach «The Passion Translation»
aus dem Englischen übersetzt).

Wir haben alles geerbt, was Christus ist – Liebe, Heiligkeit, Weisheit, Frieden, Königswürde und vieles mehr –, weil wir nun in ihm leben. Christus in uns ist die Hoffnung der Herrlichkeit. Bei dieser Hoffnung geht es nicht um Wunschdenken, sondern um eine absolute Gewissheit. Wir können allezeit im Bewusstsein seiner Gegenwart leben und uns seiner Herrlichkeit, die uns umgibt, gewiss sein. Wenn wir uns auf ihn fokussieren, wird unsere Seele von Licht durchdrungen. Und seine Liebe wird realer für uns als alles, was wir durchmachen.

Je mehr wir in dieser himmlischen Realität leben, desto mehr werden wir verwandelt. Wir fangen an zu strahlen. Wenn wir uns ganz auf den Herrn in uns ausrichten, beginnen wir dem Himmel gemäss auf der Erde zu leben. Wir bringen seine Wirklichkeit in die unsere. Wir beginnen in der Gewissheit zu leben, wer wir als Söhne und Töchter Gottes sind.

Christus bringt Menschen hervor, die so aussehen, so klingen und so lieben, wie er es tut, und die aus dem Glauben an das vollendete Werk des Kreuzes leben und sich mit ihm bekleiden.

Indem wir das tun, werden wir jeden Tag aus dem Herzen des Vaters heraus leben. Dafür ist Jesus gestorben und das ist unser Erbe, unser Geburtsrecht.

Mein Herz antwortet:

Herr, je mehr Zeit ich mit dir verbringe, umso mehr bin ich mir deiner Liebe gewiss. Sie ist mächtig! Deine Liebe verändert mich in jedem Bereich. Ich denke nicht mehr wie früher. Ich fühle körperlich nicht einmal mehr wie früher. Jede Faser meines Seins wird von Liebe und Wahrheit durchtränkt.

Du stärkst mich in meinem Innersten. Du richtest mich neu aus. Danke, dass du all die Dinge wegnimmst, die das Leben aus meiner Seele ziehen wollen. Die Liebe hat mich so strahlend gemacht, dass ich mich selbst kaum wiedererkenne.

Und so gebe ich mich dir ohne Vorbehalt hin, voller Dankbarkeit für das Erbe, das du mir gegeben hast. Ich verneige mich vor dem, dessen Heiligkeit mich zum Leben erweckt hat. Indem ich täglich auf dich schaue, vervollkommnest du mich. Du hast deine Braut mit einem Gewand der Herrlichkeit geschmückt. Du hast uns mit dir selbst geschmückt. Das ist unser Erbe.

Tag 73

Hier bist du sicher

«Furcht ist nicht in der Liebe,
sondern die vollkommene Liebe treibt die Furcht aus,
denn die Furcht hat es mit Strafe zu tun. Wer sich aber fürchtet,
ist nicht vollendet in der Liebe»
(1. Johannes 4,18).

In Gott gibt es keine Furcht. Gott ist vollkommene Liebe. Und wenn wir in ihm stehen, in der vollkommenen Liebe, ist Furcht nicht präsent. Sie existiert einfach nicht in ihm.

Am Kreuz hat Jesus alles besiegt, was uns daran hindert, ein Leben in Segen und Sieg zu führen. Er hat unsere Schwachheit, unsere Gebrochenheit und Gebundenheit auf sich genommen. Er hat den Preis dafür bezahlt, damit wir in völliger Freiheit leben können. Dinge, die uns belasten, Flüche aufgrund unserer Blutlinien, dämonische Festungen, und was immer uns davon abhält, in einer innigen Beziehung mit Gott zu leben, hat er genommen und in Schönheit verwandelt. Er hat unsere Dunkelheit in Licht verwandelt.

Jesu leidende Liebe hat uns Leben geschenkt – wahres Leben, so wie Gott es beabsichtigte. Wenn wir uns auf ihn ausrichten und Zeit in seiner Gegenwart verbringen, empfangen wir. Wir kommen zur Ruhe und beginnen, seiner Liebe und Treue immer mehr zu vertrauen. Wenn wir in seiner Nähe sind, durchdringt sein Licht der Herrlichkeit all das, was uns beschäftigt: innere Zerbrochheit, äussere Widerstände, Stürme, die gestillt werden müssen; und alles verändert sich.

Er ist für dich. Er liebt dich. Er sagt Ja zu dir. Dies ist der Moment, in dem du seine Verheissungen, an denen du in deinem Herzen festgehalten hast, empfängst. Bleibe hier. Bleibe in seiner Gegenwart, in der Wahrheit, im Licht. Lass dich von ihm ganz machen, während du dich entscheidest, ihm neu zu glauben. Hier, bei Jesus, bist du sicher.

Mein Herz antwortet:

Jesus, ich spüre, wie deine Liebe mich sanft umgibt wie eine warme Sommerbrise. Du weisst um die Unsicherheiten in mir, die mich davon abhalten wollen, dir zu glauben. Du weisst um die Furcht, die mein Herz ergreifen will. Aber hier, in deiner Liebe, weiss ich, dass ich sicher bin. Du hast den Preis dafür bezahlt, dass ich frei sein kann. Danke, dass du das Licht der Herrlichkeit in die Dunkelheit leuchten lässt, damit ich sehen kann.

Herr, ich werde der Wahrheit, die du mir offenbarst, nicht widerstehen. Ich fürchte mich nicht länger zu glauben. Du bist die vollkommene Liebe und deine Liebe zu mir ist die Substanz meines Glaubens geworden, die Stärke meines Lebens. Dein Blut hat mich frei gemacht. Du bist bei mir, selbst wenn ich zwischenzeitlich abgelenkt werde. Du bist immer gütig, immer geduldig. Ich bin jetzt bereit, Herr. Deine Liebe hat mich stark gemacht. Ich kann allem ins Auge sehen, wenn ich mir bewusst werde, dass du bei mir bist.

Tag 74

Erinnere dich, wer du bist

«Und das Licht scheint allezeit in der Finsternis – Licht, welches die Finsternis nicht überwältigen konnte»
(Johannes 1,5; frei nach «The Passion Translation» aus dem Englischen übersetzt).

Ich befand mich im Himmel und bekam währenddessen einen kleinen Vorgeschmack darauf, wer wir tatsächlich sind und was wir sein werden, nämlich Strahlende, die den Glanz und die Vollkommenheit von Gottes Wesen freisetzen. Wenn wir in der Gegenwart des Königs stehen, nehmen wir immer mehr an Strahlkraft zu. Gerade in diesem Moment, wo wir unsere Herzen ihm zuwenden, durchtränkt der König uns mit dem Licht der Herrlichkeit. Und in diesem Licht kann die Dunkelheit nicht bestehen.

Wenn wir in Jesus bleiben und – egal, was passiert – unseren Blick auf ihn richten, wird sein Licht jeden Schatten der Finsternis durchdringen. Aus dieser Position heraus strahlen wir Jesus in jeder Situation aus. Seine Gegenwart führt uns in den Sieg und unser geistlicher Kampf besteht vor allem darin, in ihm zu bleiben.

Zu überwinden bedeutet nicht, gegen Dämonen zu kämpfen. Sie wurden bereits am Kreuz besiegt. Es ist nicht so kompliziert, wie wir meinen. Wir leben im Sieg, wenn wir um die Kraft des Blutes wissen und unsere wahre Natur kennen. Die Dunkelheit kann nur durch das Licht beseitigt werden, also müssen wir im Licht bleiben. Wir empfangen Leben aus ihm und setzen es einfach frei. Wir richten unsere Augen auf Jesus, denn je mehr wir ihn anschauen, desto besser verstehen wir, wer wir sind.

Mein Herz antwortet:

Herr, ich kann nur staunen über deine Wege. Die Wahrheiten, die du in mein Herz ausgiesst, verwandeln mich. Sie sind so kraftvoll und gleichzeitig so simpel. Je mehr ich mich dir hingebe, desto mehr spüre ich, wie dein Geist mich festigt. Danke, dass du mich unterweist und mir die Gnade gibst, mit dir, der Quelle meines Sieges, verbunden zu bleiben. Auf diese Weise bin ich fähig, zu überwinden und deine Schönheit auszustrahlen.

Jesus, ich schöpfe Leben aus dir, sodass ich fest stehen kann. Derselbe Geist, der dich von den Toten auferweckt hat, lebt in meinem sterblichen Körper. Der Glaube an diese Wahrheit lässt die Dunkelheit, die mich umgibt, verschwinden. Je besser ich dich kennenlerne, desto leichter fällt es mir, meine Gedanken darauf auszurichten, was wahr, was anständig und gerecht ist. Dabei tröstet mich deine Wahrheit. Licht, Kraft und Autorität werden durch meine Worte freigesetzt. An diesem Ort des Einsseins kann die Dunkelheit mich nicht überwältigen. Wenn ich auf dich schaue, erinnere ich mich, wer ich bin.

Tag 75

Befreit von Religiosität

Ein prophetisches Wort

«Seid ihr so unverständig? Nachdem ihr im Geist angefangen habt, wollt ihr jetzt im Fleisch vollenden?» (Galater 3,3).

Im Geist sah ich, wie wir von einer dunklen spiralförmigen Macht umgeben waren, die aus Worten bestand. Diese Worte beeinflussten unseren Glauben und unsere Sichtweise. Sie fingen an, unser Leben mehr und mehr zu bestimmen und emotionale Reaktionen hinsichtlich dessen, was wir glauben, in uns hervorzurufen. Jesus erschien und drückte seine Stirn an meine Stirn; und ich wusste, er tat das in diesem Moment für uns alle. Freundlichkeit, Sanftmut und ein Gefühl der Souveränität strömten in mich hinein. Wir empfingen ein neues Verständnis und wurden vom Geist der Religiosität befreit.

Jesus sagte, dass er uns von dem Einfluss des religiösen Geistes und seiner vielen Facetten freisetzen würde. Empfange das gerade jetzt in deinem Herzen. Er zerstört jeden falschen Einfluss in dir. Er setzt dich frei von einem Leben, welches sich auf Furcht und Strafe gründet. Alles religiöse Streben findet ein Ende. Lügen, die dein Leben und dein Verständnis darüber, wer du bist, beeinflusst haben, verschwinden. Du wirst von Belastungen und von Täuschung befreit.

Gerade jetzt bewegt sich der Geist der Wahrheit mit neuer Kraft durch dich hindurch. Lichtstrahlen, die von Christus in dir ausgehen, zerstören die dunkle Macht, die dich umgeben hat. Dämonische Worte, religiöse Geister sowie Geister der Kontrolle und Furcht werden in deinem Leben gebrochen. Empfange die Gnade, die der Herr gerade jetzt ausgiesst. Das ist der Moment deiner Befreiung.

Mein Herz antwortet:

Jesus, ich danke dir für die Veränderung, die heute in mir stattfindet. Ich übergebe mich dir und empfange deine Kraft, die mich von den Geistern der Täuschung, der Religiosität und der Kontrolle befreit. Ich danke dir, dass Furcht, Einschüchterung und Manipulation aus meinem Leben verschwinden.

Danke, dass du mit deinem mächtigen Atem den Strom dieser dämonischen Worte zum Versiegen bringst. Du veränderst mich und befähigst mich, meinen Glauben jetzt auf deine Wahrheit auszurichten. Du liebst mich und giesst dein Leben in mich aus, du lässt deine Gerechtigkeit durch mich leuchten, du befreist mich und befähigst mich, dein Wesen widerzuspiegeln.

Du bist mein Leben und meine Kraft. Du bist der Einzige, den ich widerspiegeln will, und ich werde es durch deine Gnade tun. Ich übergebe dir die Kontrolle. Ich lasse mich in deine Arme fallen und vertraue dir als meinem Hirten. Danke, dass du mich heute vom Geist der Religiosität sowie von jedem anderen dunklen Einfluss befreist und mich neu mit deinem Geist erfüllst.

Tag 76

Das wunderbare Werk der Liebe

«Wer ist sie, die da heraufkommt aus der Wüste,
an ihren Geliebten gelehnt?»
(Hohelied 8,5).

Ich spüre, wie der Herr darum wirbt, dir seine heilende, wunderbare Liebe zu demonstrieren. Die Situation, in der du dich befindest, belastet dich vielleicht oder erscheint dir hoffnungslos, aber ich kann bezeugen, dass ein Moment in seinen Armen alles verändert. Er hat mich zurück ins Leben geliebt, als ich mir nicht einmal sicher war, ob das überhaupt möglich ist. Meine Umstände waren noch immer dieselben; ich befand mich in einer missbräuchlichen Ehe und mein Leben war ein einziges Chaos. Doch Jesus machte meine Seele vollständig heil.

Aufgrund dieser Erfahrung weiss ich um die Kraft seiner Liebe, die Traumata ein Ende setzt. Ich habe es selbst erlebt und ich kann dir sagen, es ist real. Jesus wird dein Herz heilen, wenn du dich an ihn lehnst. Es ist in Ordnung, wenn du manchmal zweifelst. Er ist dir deswegen nicht böse. Lehne dich, wie Sulamith, an deinen Geliebten, der dich aus der Wüste herausführen wird.

Es gibt nichts, was Jesus nicht erlösen kann. Sein wunderbares Werk der Liebe ist wie heilender Balsam für deine Seele. Seine vollkommene Liebe ist stark genug, um dich freizusetzen.

Er liebt dich über alle Massen. Er ist bei dir. Schliesse deine Augen und lass dich in die Arme seiner Gnade fallen. Er hält dich. Wenn alles, wozu du in der Lage bist, ist, dich anzulehnen, dann ist das genug.

Mein Herz antwortet:

Jesus, wenn ich nicht einmal mehr die Kraft habe, meine Augen zu erheben, will ich mein Herz zu dir erheben. Ich lehne mich in völliger Abhängigkeit an dich und lasse mich von dir umarmen. Ich lasse die zerbrochenen Teile meines Herzens endgültig los und lege sie in deine heilenden Hände. Ich vertraue auf das wunderbare Werk der Liebe, das du in mir begonnen hast.

Du hast mich nicht vergessen. Du bist die Tür, die vor mir offen steht, und du lädst mich ein, in die Freiheit zu treten. Heute gehe ich durch diese Tür hindurch. Danke, dass du mich gerettet und mich aus dieser Wüste herausgeführt hast, die mich zu verschlingen drohte.

Danke, dass du nahe bei mir bist. Du hast mich nicht im Stich gelassen. Du warst die ganze Zeit hier. Dein vollkommener Friede umgibt mich und hält mich fest. Endlich spüre ich, wie sich der Lärm in mir beruhigt. Meine Seele hat ihren Erlöser gefunden. Mein Herz hat sein Zuhause gefunden. Die Liebe ist gekommen, und meine Seele ist frei!

Tag 77

Kalah

«Als nun Jesus den Essig genommen hatte, sprach er:
‹Es ist vollbracht, meine Braut!›
Und er neigte sein Haupt und übergab Gott seinen Geist»
(Johannes 19,30; frei nach «The Passion Translation»
aus dem Englischen übersetzt).

Jesus führte mich einmal in den Thronsaal. In dem riesigen Raum waren Myriaden von Menschen, Tausende und Abertausende von Anbetern, die den Thron der Gnade umgaben. Immer und immer wieder riefen sie einmütig: «Es ist vollbracht! Es ist vollbracht! Es ist vollbracht!»

Ihr Ruf drang direkt in meinen Geist und wurde auch auf der Erde vernommen. Mir war sogleich bewusst, dass der Leib Christi in diesem Moment eine Offenbarung über das vollendete Werk des Kreuzes empfing. Was Jesus für uns getan hat und wozu sein Blut uns Zugang gegeben hat, wird in Zukunft von zentraler Bedeutung sein.

Die letzten Worte Jesu am Kreuz waren: «Es ist vollbracht.» Das hebräische Wort für «erfüllt» bzw. «vollendet» ist *kalah*, ein Homonym, also ein Wort, das für verschiedene Begriffe steht. *Kalah* bedeutet gleichzeitig auch «Braut». Mit seinem letzten Atemzug machte Jesus uns somit eine Liebeserklärung. Er liess uns mit anderen Worten wissen, dass der Preis für unsere Verlobung bezahlt wurde. Wir können für immer bei ihm sein, weil er einen ewigen Bund mit uns geschlossen hat.

Mache dich in deinem Herzen eins mit dem Ruf des Himmels: «Es ist vollbracht!» Alles, was du brauchst, wurde auf Golgatha für dich errungen. Während du über die Kraft des Kreuzes nachsinnst, halte dir vor Augen, dass es die Erfüllung der Liebe darstellt. Von nun an ist jedes Bedürfnis bereits gestillt. Es gehört der Vergangenheit an. Es ist vollendet. Es ist erfüllt aufgrund der Liebe Jesu für scinc Braut.

Mein Herz antwortet:

Jesus, deine Liebe ist erstaunlich! Du hast dich um alle meine Bedürfnisse gekümmert, bevor ich überhaupt auf die Erde kam. Du hast den Sieg für mich errungen, bevor ich überhaupt durch eine Prüfung ging. Deine vollkommene Liebe hat sich bereits um alles im Voraus gekümmert. Es ist schwer für meinen Verstand, das nachzuvollziehen, aber ich nehme dieses vollkommene Geschenk dankbar an.

Ich werde heute über die Botschaft des Kreuzes und die Macht deines Blutes nachsinnen. Ich werde daran denken, was es dich gekostet hat, für immer bei mir zu sein. Deine Liebe bringt mein Herz zum Singen; diese Liebe, die so kraftvoll ist, dass sie niemals ausgelöscht werden kann. Du hast an alles im Voraus gedacht, damit wir niemals getrennt werden können.

Ich höre den Ruf des Himmels «Es ist vollbracht!» in mir widerhallen. Alles in mir richtet sich auf dieses Werk aus und ich erhebe mich als deine geliebte Braut. Nichts hat gegen die Macht deines Blutes Bestand. Der Glaube an deine Liebe hat mich befreit.

Tag 78

Gottes unfehlbare Liebe

«Ihr werdet die Wahrheit erkennen,
und die Wahrheit wird euch frei machen»
(Johannes 8,32; NL).

Heute wirst du das Wirken des Heiligen Geistes in deinem Leben erfahren. Während du unter dem Wasserfall seiner Liebe sitzt, erfüllt er deinen Körper und deine Seele mit Herrlichkeit. Er durchdringt deinen Verstand und deine Gefühle mit Wahrheit und Heilung. Jesus giesst flüssige Liebe in die Bereiche deines Herzens, in denen du unter Misshandlung oder Missbrauch gelitten hast oder dem schlimmen Verhalten anderer Menschen ausgesetzt warst. Was auch immer geschehen ist, wenn du in der Vergangenheit feststeckst und dein Leben ausschliesslich von Traumata bestimmt wird, dann darfst du wissen, Jesus ist nicht an Zeit gebunden.

Das Alpha und Omega, der Anfang und das Ende, bewegt sich auf der Zeitachse deines Lebens auf und ab und wirkt in all den Bereichen, in denen du das Gefühl hast, festzustecken. Der Geist Gottes durchflutet jede Erinnerung und jedes Trauma, das noch Schmerzen verursacht. Er erfüllt dein Herz mit Herrlichkeit. Sanftmut, Liebe und Frieden ertränken alle schmerzhaften Erinnerungen, bis diese Gedanken, Reaktionen und Gefühle dich nicht länger bestimmen.

Er ist in dir und setzt seine Herrlichkeit in deinen Erinnerungen, selbst in den unterbewussten Erinnerungen, die du verdrängt hast, frei. Er macht dich ganz und verändert dich von innen heraus. Öffne dich für sein Wirken. Nichts ist zu schwer für ihn; er verwandelt deinen Schmerz, damit du seine unfehlbare Liebe widerspiegeln kannst.

Mein Herz antwortet:

Herr, ich fühle, wie Glaube in mir aufsteigt, und ich bin bereit, dir jeden bewussten und unbewussten Gedanken zu unterstellen. Danke, dass du mir heute als Heiler und Erlöser begegnest. Ich glaube, dass deine Herrlichkeit stark genug ist, um traumatische Erinnerungen auszulöschen. Du bist hier und stillst den Lärm des Schmerzes mit den Liedern der Liebe.

Mein ganzes Sein wird durchdrungen von deiner Kraft. Ich werde mir deiner Gegenwart, in der meine Gedanken mit den deinen in Einklang kommen, immer mehr bewusst. Täglich fülle ich meinen Geist mit Wahrheit, und diese Wahrheit verändert mein Denken.

Mein Bewusstsein wird von deiner Herrlichkeit durchdrungen. Wo mir vormals die Schatten der Dunkelheit die Sicht versperrten, sieht mein Herz nun deine Schönheit. Du kreierst neue Überzeugungen in meinem Herzen und wäschst mich in dem heilenden Fluss deiner Liebe.

Tag 79

Gott hören und sehen

«Diejenigen, die Gott lieben,
haben Augen empfangen, die sehen,
und Ohren, die von Gott hören»
(Sprüche 20,12; frei nach «The Passion Translation»
aus dem Englischen übersetzt).

Jesus schenkt dir neue Offenbarung in deinem Herzen. Er klärt deine geistliche Sicht und salbt deine Augen mit Augensalbe, damit du ihn besser sehen kannst. Er hat den Schrei deines Herzens gehört, ihn zu kennen, und er antwortet darauf. Deine geistlichen Ohren werden nun den Klang des Himmels wahrnehmen. Während er dir Geheimnisse zuflüstert und dich für seine leise Stimme sensibilisiert, wirst du in deinem Herzen sein läuterndes Feuer spüren.

Ein einziges Wort von Gott kann dein Leben völlig verändern. Er selbst ist die Kraft hinter diesem Wort. Er ist das Leben und die schöpferische Kraft, die das Universum ins Leben rief. Er ist das Wort! Er ist das Leben! Er ist das Geheimnis des Himmels, das in dir lebt. In der Gegenwart Jesu wirst du seine Geheimnisse sehen und hören und du wirst erleben, wie sie sich vor dir entfalten. Und während du diese Geheimnisse in dir aufnimmst, werden sie dich verwandeln.

Jeden Tag wirst du spüren, wie dein Herz sich danach sehnt, ihn überall, wo du hinkommst, bekannt zu machen. Voller Demut wirst du deine königliche und priesterliche Berufung wahrnehmen. Wie du dich fühlst oder was andere über dich sagen, wird dich nicht länger definieren. Was Gott über dich sagt, wird dich definieren – nichts anderes. Denn ihn zu kennen, bestimmt dein ganzes Sein.

Mein Herz antwortet:

Jesus, ich nehme deine Einladung an und empfange deine Augensalbe. Du klärst meine geistliche Sicht und öffnest meine Ohren. Danke, dass du dich meinem Herzen offenbarst, damit ich dich besser kennenlerne. Herr, ich ergreife dieses Geheimnis. Ich möchte so tiefgehend verändert werden, bis ich mich selbst kaum mehr wiedererkenne.

Mein Herz ist davon erfüllt, dich zu kennen. Alles in meinem Leben dreht sich jetzt um dieses Verlangen. Du bist mein Atem, meine Hoffnung, mein ganzes Sein. Dein Wort ist in mir lebendig, es dringt tief bis in das Mark meiner Knochen hinein und wird ein Teil von mir.

Während ich dich immer klarer sehe, beginnt alles andere zu verblassen. Du lenkst meine Gedanken und meine Träume. Ich schaue dir in die Augen und du leitest mich mit deinem Blick. Jeder Tag ist ein Abenteuer, auf das ich mich freue, weil ich weiss, dass du hier bist.

Tag 80

Du strahlst

Ein prophetisches Wort

«Zu deiner Rechten steht, mit goldener Herrlichkeit geschmückt, die wunderschöne zukünftige Braut!»
(Psalm 45,10; frei nach «The Passion Translation» aus dem Englischen übersetzt).

In einer Vision erlebte ich uns als seine Braut. Ich war bekleidet und erfüllt mit dem Wesen Jesu, das ich strahlend widerspiegelte. Ich ging eine Steigung hinauf und bewegte mich sicheren Fusses, denn der Blick meines Herzens war auf Jesus gerichtet. Nichts konnte mich von ihm ablenken. Mein Herz war von Anbetung zu ihm erfüllt. Die Beziehung zu ihm stand für mich an oberster Stelle und ich war mir gewiss, wer ich in ihm bin. Ich wusste, diese Herzenshaltung bestimmte alles andere in meinem Leben.

Als ich auf Jesus zuging, erkannte ich, dass er nicht nur auf dem Thron sass, sondern dass er selbst der Thron war. Jesus hat alle Autorität. Er wandte sich um und sah zu, wie ich meinen Platz neben ihm einnahm. Scharen von Engeln und Menschen im Himmel brachen in Jubel aus, weil wir in diesem Zeitabschnitt die vollständige Wahrheit darüber erkannt hatten, wer wir sind und welche Autorität wir haben.

Wir waren fokussiert, unerschütterlich und vollkommen frei, während wir unseren rechtmässigen Platz an der Seite unseres Königs als seine königliche Braut einnahmen. Ich konnte ihre Liebe für uns und ihre Begeisterung über das, was geschah, spüren. Das ist, worauf der Heilige Geist uns vorbereitet.

Er ruft der Braut zu, sich bereit zu machen. Wenn wir den Blick unseres Herzens auf unseren König richten, werden wir unerschütterlich und sicher auf unserem Weg sein, wir werden frei sein von Religiosität und uns nicht von den Sorgen dieser Welt ablenken lassen. Wir werden unseren Platz an seiner Seite einnehmen und mit ihm in dieser beispiellosen Zeit regieren, um das Reich Gottes auf Erden voranzubringen.

Mein Herz antwortet:

Herr, das soll meine Herzenshaltung sein, allezeit. Indem ich meine Augen auf dich richte, nur dich sehe und dir mein Leben vorbehaltlos übergebe, werde ich Autorität erlangen. Ich danke dir, dass du mich mit dir selbst verherrlichst und mich in deiner Gegenwart stärkst.

Meine Seele neigt sich vor dir. Ich bin überwältigt von der unbegreiflichen Ehre, neben meinem glorreichen, herrlichen König zu stehen. Ich empfange deine Gnade, allezeit fokussiert und gefestigt zu leben, damit ich dich verherrliche und das Sinnen meines Herzens wie ein wohlgefälliger Duft vor dir aufsteigt. Ich mache mich für dich bereit, du Schönster. Mein Leben soll deine Herrlichkeit widerspiegeln.

Tag 81

Du bist vollkommen

«Ihr nun sollt vollkommen sein,
wie euer himmlischer Vater vollkommen ist»
(Matthäus 5,48).

Der Herr zeigt uns sein Herz. Er will sich uns ganz offenbaren, uns seine Geheimnisse mitteilen und uns ein neues Verständnis für sein Wort geben. Er zieht uns näher zu sich als jemals zuvor. Was für eine Ehre ist es, dass Gott uns sein Herz anvertraut!

Das Innerste unseres Herzens kommt in Einklang mit der ganzen Kraft der reinen Liebe Gottes. Wenn wir ihn auf diese Weise kennenlernen, werden wir von der Schönheit dessen, wer er ist, ganz eingenommen. Wir werden im Zentrum unseres Seins völlig frei und befreit. Wir werden mit allem, was in uns ist, sein Verlangen erfüllen wollen, weil wir von der Wahrheit überwältigt sind, dass er uns erwählt hat, sein Herz widerzuspiegeln. Wir als schwache, unbedeutende Menschen sind zu reinen und vollkommenen Gefässen geworden!

Religion sagt, dass wir ein gewisses Mass an Vollkommenheit erlangen können, indem wir uns selbst anstrengen. Am Ende sind wir gefangen in Scham und fühlen uns nicht würdig, die Verheissungen Gottes in Anspruch zu nehmen. Doch Jesus erinnert uns an unsere wahre Identität. Aufgrund dessen, was er für uns getan hat, sind wir würdig, eine Wohnstätte für den Allerherrlichsten zu sein. Alles, was wir tun müssen, ist, uns ihm zu übergeben und zu glauben, dass nicht mehr wir leben, sondern Christus in uns lebt (siehe Galater 2,20). Wir erkennen die Wahrheit, wer wir als neue Schöpfung sind, um aus der Kraft der Vereinigung mit Christus zu leben. Wir sind eines Herzens und eines Geistes, sodass wir der Welt die Wahrheit verkünden können, wer Jesus ist.

Mein Herz antwortet:

Herr, es erfüllt mich mit Ehrfurcht, dass ich immer in deinem Herzen gewesen bin. Als ich mich nur als jämmerliche Gestalt wahrgenommen habe, sahst du mich vollendet. Du wusstest bereits, wer ich einmal sein werde, und du hast es ins Jetzt gebracht. Ich danke dir, dass ich in dir vollkommen bin. Ich bin ganz wegen dir. Du hast mir den Schatz deines Herzens anvertraut, das herrlichste und kostbarste Geschenk überhaupt, damit ich anderen von dir erzählen kann.

Ich bin völlig von dir eingenommen, du bist die Luft, die ich atme, du bist mein Leben. Deine göttliche Natur hat alle Unvollkommenheit in mir beseitigt; sie existiert nicht mehr, denn der Vollkommene ist zu meinem Leben geworden ist. Du bist eins mit mir geworden, und jetzt leben wir in einer Einheit, die so heilig ist, dass ich es nur schwer begreifen kann. Alles, was du bist, bin ich. Mein Herz verbindet sich endlich mit der Realität dieser wunderbaren Wahrheit.

Tag 82

Willkommen zu Hause

«Tief in mir ist das leidenschaftliche Verlangen,
der Wunsch und der Traum, in Einheit mit dir zu leben.
In deiner Nähe werden mein Herz und meine Seele singen
und dich mit freudigen Liedern anbeten,
dich, die wahre Quelle meines Lebens!»
(Psalm 84,2; frei nach «The Passion Translation»
aus dem Englischen übersetzt).

Du wurdest aus dem Reich der Finsternis befreit und in das Reich des Lichts gebracht. Willkommen zu Hause! Seine Gegenwart ist nun für immer dein Zuhause. Die Herrlichkeit Gottes in deinem Inneren ist der Ort, an dem du lebendig wirst, während du in ihm ruhst. Wahrhaftig lebendig! Mit jeder neuen Offenbarung, die du empfängst, mit jedem Mal, wo Jesus den Schleier ein wenig mehr lüftet, wirst du verwandelt. Das ist jetzt dein Leben. Du hast den Einen gefunden, den deine Seele liebt, und du wirst für immer bei ihm bleiben!

Wenn du deiner Beziehung mit dem Herrn Priorität gibst, wirst du von Herrlichkeit zu Herrlichkeit geführt. Jedes Mal, wenn du dich für ihn entscheidest, in jedem Moment, wo du seine Gegenwart geniesst und ihn mit der deinen segnest, wird er dir seine wunderbaren Absichten für dein Leben kundtun. Wann immer du von Gottes Herrlichkeit berührt wirst, wirst du

Christus stärker ausstrahlen. Lebst du in diesem Bewusstsein, dann wird der Heilige sich in dir ausbreiten. Kraft wird dich durchströmen, bis du dich nicht mehr daran erinnern kannst, warum du seiner Berufung jemals widerstanden hast. Du wirst immer mehr befähigt, mit ihm zu regieren. Jeder Bereich deines Lebens wird verwandelt. In Kraft, Salbung, Liebe und Mitgefühl zu agieren, wird für dich selbstverständlich werden, während sein Geist durch dich fliesst. Du wirst zur Ruhestätte Gottes werden. Er hat sein Zuhause in dir gefunden.

Mein Herz antwortet:

Herr, ich lasse mich auf dieses Geheimnis ein – das Allerheiligste ist mein Zuhause geworden. Und dieses Gefäss, das vormals dunkel und sündig war, ist deines geworden. Du hast mich ganz gemacht – schön, strahlend, herrlich. Unsere Einheit lässt mein Herz singen. Danke, dass du mich erwählt hast, dass du deine Natur mit meiner verwoben hast, damit ich aussehe und klinge wie du.

Ich komme jetzt zur Ruhe und werde unsere Beziehung geniessen. Ich werde in der Sicherheit deiner Gegenwart leben und Kraft und Leitung an dem Ort empfangen, der mein Zuhause ist. Ich werde auf dich warten, während du mich unterweist, und dir dann mutig gehorchen. Ich fürchte mich nicht mehr, denn ich weiss, du wirst mich nie verlassen und mich nie im Stich lassen.

Jeden Tag werde ich erleben, wie deine Wahrheit mein Herz erfüllt und bis in jede Zelle durchdringt. Ich kann alles sein, wozu du mich geschaffen hast, weil wir eins sind. Du bist in mir und du verlässt mich nicht!

Tag 83

Ein neues Wesen

«Lasst euch stattdessen einen neuen Geist
und ein verändertes Denken geben. Als neue Menschen,
geschaffen nach dem Ebenbild Gottes und zur Gerechtigkeit,
Heiligkeit und Wahrheit berufen,
sollt ihr auch ein neues Wesen annehmen»
(Epheser 4,23–24; NL).

Alles, was Jesus ist, bist auch du. Jesus Christus in dir, seine Herrlichkeit in dir, ist der Kern deines Seins. Der Heilige Geist Gottes ist das Zentrum deines Geistes. Die Verbindung seines Geistes mit deinem Geist hat dich neu gemacht. Du bist ein völlig neues Wesen, welches ein Geist ist mit dem Herrn.

Alles, was er ist, bist auch du. Du bist Liebe. Du bist herrlich, du bist rein, du bist ganz, du bist friedvoll, du bist freudig und du bist weise. Du bist ein geistliches Wesen, geschaffen, um die Vollkommenheit, die Schönheit, den Glanz und die Kraft Gottes zu manifestieren. Du bist ein lebendiges Wunder, ein Mysterium, das angenommen werden muss, bevor es vollständig verstanden werden kann!

Werde dir gerade jetzt jedes Gedankens bewusst, der im Widerspruch dazu steht, wer Jesus sagt, dass du bist, wie sehr er dich liebt und wie mächtig du bist, weil er in dir wohnt. Es ist an der Zeit, dich so zu sehen, wie er dich sieht, und mit deinem

Schöpfer übereinzustimmen, dich selbst liebevoll anzunehmen und mit Enthusiasmus zu leben, während du an Offenbarung darüber zunimmst, wie vollmächtig und herrlich du durch ihn bist.

Jesus möchte, dass du dein Leben geniesst. Er sehnt sich danach, dass du alles loslässt und seine vollkommene, unerschütterliche Liebe kennenlernst. Während du immer mehr erfährst, was es bedeutet, dass Christus in dir lebt, wirst du völlig sicher werden.

Mein Herz antwortet:

Jesus, ich danke dir, dass du in der Tiefe meines Seins wirkst und mein Herz mit Liebe und Wahrheit erfüllst. Gerade jetzt lege ich jeden Gedanken ab, der im Widerspruch dazu steht, wer du sagst, dass ich bin. Danke, dass du mir zeigst, wo ich noch mit einem geringen Selbstwertgefühl kämpfe, und mir meine Identität in dir offenbarst.

Deine Gnade leitet mich in die Wahrheit. Dein Geist wohnt in mir und befähigt mich zu glauben, wenn mein Verstand mir im Weg steht. Ich werde verwandelt durch die Offenbarungen, die ich ergreife, also ergreife ich sie von ganzem Herzen und ohne Vorbehalte. Ich nehme sie in mir auf, bis sie ein Teil von mir werden. Ich bin eine neue Schöpfung und ich spiegele dich wider. Dein Wesen, das in jeder Hinsicht vollkommen ist, ist auch das meine. Ich bin, wer du sagst, dass ich bin.

Tag 84

Empfange seine Kraft

«Ich bin überzeugt, dass mein Gott euch alles geben wird, was ihr braucht, denn der übergrosse Reichtum seiner Herrlichkeit wurde mir durch Jesus Christus offenbart!»
(Philipper 4,19; frei nach «The Passion Translation» aus dem Englischen übersetzt).

Als ich über der heutigen Bibelstelle gebetet habe, sah ich, wie Jesus seine Arme um dich legte und dich zu sich zog. Während du dich eng an ihn lehntest und deinen Kopf auf seine Brust legtest, empfingst du seine Kraft. Die Kraft des allmächtigen Gottes durchdrang jeden Bereich deiner Seele, der dringend benötigte, was nur er geben kann.

Das ist ein prophetisches Bild, welches das Verlangen Jesu zum Ausdruck bringt. Reagiere darauf und lehne dich an ihn. Atme tief ein und empfange neuen Frieden, neuen Trost und neue Kraft. Er nimmt allen Stress, alle Unsicherheit und alle Furcht von dir. Lass los und sieh zu, wie sich alle diese Dinge in seiner Liebe auflösen, während du von seiner Herrlichkeit berührt wirst.

Jeder Bereich deiner Seele, in dem immer wieder emotionale Reaktionen getriggert werden, kommt durch seine Gnade zur Ruhe. Übergib dem Herrn alle Stressfaktoren, und im Gegenzug wird er dir die Fähigkeit geben, alle Herausforderungen aus der Perspektive des Lichts, der Wahrheit und des Glaubens wahrzunehmen.

Seine heilende Liebe lässt alles anders aussehen. Vollkommene Liebe bringt das Licht hervor, das dich aus der Finsternis herausführt. Lehne dich an Jesus und versinke in seiner Umarmung, und er wird alles in dir radikal verändern. Jesus stärkt dich und er tröstet dich. Das ist seine Verheissung für dich heute.

Mein Herz antwortet:

Ja, Herr, ich lehne mich an dich. Nimm mich in deine Arme und halte mich fest, bis deine Liebe alle Furcht vertreibt. Stärke mich. Flüstere mir Worte der Wahrheit zu, die mich daran erinnern, dass ich nie allein, nie zu weit weg oder nie zu desillusioniert bin, um von dir gerettet zu werden.

Ich erkenne jetzt, dass ich, wenn ich das Gefühl habe, in einer Grube der Verzweiflung zu versinken, in der perfekten Position bin, um von dir getragen zu werden. Und wenn ich in deinen starken Armen liege, mich dir völlig hingebe und nicht auf meine, sondern auf deine Kraft vertraue, werde ich erfrischt.

Ich danke dir für deine überwältigende Liebe. Danke, dass du mich in deiner Barmherzigkeit immer wieder auffängst und mich auf die Füsse stellst. Du sorgst dich mehr um mich, als mein Verstand es begreifen kann. Ich schaue dir jetzt in die Augen und empfange deine Kraft. Ich kann sagen, ich bin überzeugt, dass du mir alles geben wirst, was ich brauche.

Tag 85

Die Kraft der Liebe

Ein prophetisches Wort

«Die Zeit wird kommen,
wenn die Erde mit dem Bewusstsein der Herrlichkeit
des HERRN erfüllt sein wird,
wie das Wasser den Meeresgrund bedeckt»
(Habakuk 2,14; frei nach «The Passion Translation»
aus dem Englischen übersetzt).

Einmal zeigte Jesus mir in einer Vision, wie die Erde von einer pyramidenartigen Struktur umgeben war. Ich wusste, dass diese Pyramide das Leben und die Denkweise der Menschen im Wesentlichen bestimmte. Als ich weiter hinsah, nahm ich wahr, dass das Licht Jesu diese Pyramide umschloss und sie vollständig auflöste.

Sie wurde nicht nur einfach niedergerissen; das Licht Christi leuchtete in die Dunkelheit hinein und die Dunkelheit hörte auf zu existieren.

Wir leben in herausfordernden Zeiten, und am Ende wird die Erkenntnis (oder die Erfahrung) der Herrlichkeit des Herrn die Erde bedecken. Jetzt jedoch hält Gott sich noch unter uns verborgen. Wir sind es, die mit seinem Licht der Herrlichkeit erfüllt sind, und wir werden ihn auf eine noch nie dagewesene Weise kundtun. Wenn wir uns dem Herrn ganz ausliefern, werden wir das Licht, den Klang und die Gegenwart unseres Schöpfers und souveränen Königs freisetzen.

Der Schlüssel ist die Liebe. Die Liebe ist der Glanz seiner Herrlichkeit. Wenn wir an dem geheimen Ort leben, wo seine Liebe alle Furcht auflöst, werden wir verwandelt. Wenn wir den Herrn ständig vor Augen haben und aus der Vereinigung mit ihm leben, werden wir ihn auf der Erde widerspiegeln. Die Welt wird uns anschauen und wissen, dass wir sein sind, weil seine Liebe durch uns hindurchstrahlt. Die Agape-Liebe wird letztendlich bewirken, dass die Dunkelheit aufhört zu existieren, und wir werden sehen, dass die Erde und alles, was darauf ist, ihm gehört.

Mein Herz antwortet:

Jesus, küsse mein Herz wach, damit sich diese Offenbarung in mir entfalten kann. Alles in mir soll von der Wirklichkeit deiner Liebe berührt werden. Ich schaue auf dich. Mein Herz ist auf die Schönheit meines Königs ausgerichtet. Danke, dass du jede Spur von Dunkelheit, Zweifel und Furcht aus meinem Leben entfernst, während ich in deiner Gegenwart bin.

Du durchtränkst mich mit deiner Liebe und ich werde nie mehr dieselbe Person sein. Ich bin absolut überzeugt von deiner Macht in mir. Das Licht deiner Herrlichkeit strömt in jede Zelle meines Wesens, und ich fange an zu strahlen und zum Werkzeug deiner Liebe auf der Erde zu werden.

Sättige mich mit deiner Liebe, bis deine Barmherzigkeit, dein Mitgefühl und deine Herrlichkeit durch mich fliessen und jeder, mit dem ich spreche, die greifbare Realität deiner Liebe spürt. Durch diese Liebe wird dein Reich überall, wo ich hingehe, aufgerichtet werden.

Tag 86

Ausgerichtet und gefestigt

«Wenn wir durch den Geist leben, so lasst uns dem Geist folgen!»
(Galater 5,25).

Jesus reisst alle Gedanken nieder, die uns beschränken. Er hilft uns, besser zu verstehen, welchen Stellenwert unsere Beziehung zu ihm hat. Er räumt alle falschen Vorstellungen, die uns davon abgehalten haben, in der Kraft unseres Einsseins zu leben, aus dem Weg. Wenn wir uns auf diese Realität einstimmen, befähigt uns seine Gnade, uns auszurichten. Statt uns ständig zwischen unserer Seele und unserem Geist hin und her zu bewegen, erlangen wir Festigkeit und leben aus dem Geist heraus.

Wir gewinnen an Zuversicht, wenn die Natur Christi zu unserer Natur wird. Der Glaube an die Kraft Gottes wird in unseren Worten und Taten sichtbar, weil wir aus der heiligen Vereinigung mit ihm leben. Nun werden wir unsere Kultur beeinflussen und die Menschen um uns herum prägen.

Der Heilige Geist befähigt dich, dir die Offenbarung darüber, dass nicht mehr du lebst, sondern Christus in dir lebt, immer mehr zu eigen zu machen. Diese innere Erfahrung wird dich persönlich verändern, und durch diese Neuausrichtung wird sich dein Einfluss und deine Wirkung vergrössern. Deine Gebete werden dir nicht länger kraftlos vorkommen, sondern du wirst in Vollmacht sprechen. Du wirst im Geist und mit dem

Herzen Gottes sprechen. Während dein Geist mit Gottes Geist verbunden ist, wird der Einfluss der Welt schwächer und du wirst immer mehr eine himmlische Perspektive entwickeln und in deinem Inneren in Einklang mit dem Herzen Gottes kommen.

Mein Herz antwortet:

Herr, ich danke dir, dass du die Augen meines Verstandes geöffnet hast, damit ich die Wichtigkeit unserer Beziehung besser verstehe. Ich weiss, dass wir eins sind, aber nun geht die Wahrheit dieses Geheimnisses vom Verstand auf mein Herz über, und diese Offenbarung verwandelt mich. Nichts ist wichtiger, als dich zu kennen und so zu leben, dass du verherrlicht wirst.

Deine Gegenwart in mir verleiht mit Festigkeit, sodass ich, egal, was kommt, in der Wahrheit verankert bleibe. Du bringst meinen Geist mit deinem Geist in Übereinstimmung. Ich beginne, mit den Klängen des Himmels in Einklang zu kommen, auch wenn die Welt laut und chaotisch ist. Meine innere Wirklichkeit wird realer als das, was meine natürlichen Augen sehen. In Prüfungen findet meine Seele ihre Ruhe in dir, denn ich vertraue deiner Liebe mehr als jemals zuvor.

Meine Gedanken, meine Sehnsüchte, meine ganze Welt – alles dreht sich jetzt um dich. Ich lebe im Licht deiner Wahrheit und lasse mich von deinem Geist leiten. Weil ich mir unserer Beziehung gewiss bin, können Ablenkungen mir den Blick auf dich nicht länger versperren. Stattdessen weisen sie mich zu dir und stärken in mir den Wunsch, auf dich ausgerichtet und gefestigt zu leben.

Tag 87

Du wirst lebendig

«Er erleuchte die Augen eures Herzens,
damit ihr wisst, was die Hoffnung seiner Berufung, ... ist»
(Epheser 1,18).

Wir sind eine neue Schöpfung; wir gehören dem Herrn. Die Natur des unerschaffenen Gottes ist der Kern unseres Wesens. Wir werden nicht länger von der Natur Adams bestimmt, sondern die Natur Christi in uns hat uns in sein Bild verwandelt. Unsere bewusste Wahrnehmung wurde zurückversetzt. Die Augen unserer Herzen wurden erleuchtet, und wir wissen, wer wir in ihm sind. Wir sind mit der Liebe selbst verwoben.

Vor Grundlegung der Welt hat der Herr bestimmt, dass diese heilige Veränderung in deinem Leben stattfinden wird. Er wusste, dass du zu diesem Zeitpunkt deine wahre Identität in deinem Herzen erkennen und beginnen würdest, ein neues Leben zu führen. Du wirst zu seiner Braut, zu seinem reifen Sohn. Es spielt keine Rolle, ob du meinst, dich dafür zu qualifizieren. Du bist von Gott gekannt und angenommen. Seine Liebe hat alle deine Fehler aufgefangen, und du strahlst und bist vollkommen geliebt.

Das ist die Wahrheit des Himmels. Das ist, was Gott über dich sagt. Es ist an der Zeit, in seiner Liebe zu bleiben und für das Reich Gottes Frucht zu bringen. Das war schon immer Gottes Absicht, und der Heilige Geist ist dabei, die Pläne des Vaters in Existenz zu bringen. Dein Leben soll von seiner Herrlichkeit überfliessen. Dies ist die Zeit, dich zu erheben und sein Licht leuchten zu lassen.

Mein Herz antwortet:

Jesus, erfüllt von deinem Glanz erhebe ich mich. Ich preise dich dafür, dass ich in der Kraft unseres Einsseins leben kann. Nur durch deine Gnade erlange ich meine wahre Identität. Ich bin nicht mehr dieselbe Person, die ich einmal war. Die Winde der Widrigkeiten können mich nicht mehr herumwirbeln. Du hast mich gestärkt. Du hast mich neu gemacht, und Worte reichen nicht aus, um dir zu sagen, wir dankbar ich bin.

Du machst meine Wünsche, meine Entscheidungen und meinen Weg vollkommen. Meine Worte und meine Gedanken fliessen aus der Weisheit und Wahrheit deines Geistes in mir. Dein Licht und deine Wahrheit leiten jeden meiner Schritte. Der Heilige hat meinen Sinn erneuert, und ich staune, wie anders ich die Dinge jetzt sehe.

Herr, mache mit mir, was immer du willst. Überflute mich mit deiner Herrlichkeit, bis sie durch jede Zelle hindurchstrahlt. Ich werde mir deines Lebens in mir bewusst, und dieses Bewusstsein wird zu meiner täglichen Realität.

Tag 88

Erfüllt mit Glauben

«Jesus erwiderte: »Der Glaube Gottes sei in euch!»
(Markus 11,22; frei nach «The Passion Translation»
aus dem Englischen übersetzt).

Jesus möchte, dass unsere Herzen zur Ruhe kommen. Er möchte, dass wir voller Zuversicht sind und mit einem unerschütterlichen Glauben auf seine Liebe vertrauen; einem Glauben, der von ihm entzündet wird, wenn wir das Gefühl haben, unser Glaube reicht nicht aus. Heute ermutigt er uns. Jesus erinnert uns daran, dass er uns in Herausforderungen und in Zeiten der Enttäuschung begegnen wird. Gottes Güte wird auf der Erde zunehmend offenbar werden, und er wird verherrlicht werden, weil er alle Dinge zum Guten mitwirken lässt. Fasse Mut: Gott wird in deine Situation eingreifen.

Alles, was wir in den Evangelien lesen, tut Jesus auch jetzt. Er ist derselbe gestern, heute und in Ewigkeit. Er heilte die Kranken, er weckte die Toten auf, er reinigte die Aussätzigen und er trieb die Dämonen aus. Und das tut er immer noch. Wenn das Göttliche das Natürliche berührt, wird die Ordnung des Reiches Gottes aufgerichtet. Das Licht vertreibt die Dunkelheit, indem es einfach leuchtet; und nichts leuchtet heller als Jesus.

Er ist der Herrliche. Jesus ist unser Heiler, Tröster und Freund. Er ist unsere Hoffnung, unser Licht und unser Leben.

Und gerade jetzt giesst er seine Gnade aus, um uns auf eine Ebene des Glaubens zu bringen, die wir bisher in unserem Leben noch nicht erfahren haben. Wir empfangen Gnade, um seine Hilfe zur rechten Zeit zu empfangen. Wir nehmen an Sicherheit zu und vertrauen seiner Liebe wie nie zuvor. All das sollst du heute in deinem Leben erfahren.

Mein Herz antwortet:

Jesus, ich danke dir, dass du neuen Glauben in meinem Herzen entzündest – deinen Glauben. Du festigst mich in der Wahrheit, damit die Lügen des Feindes mich nicht verführen können. Heiliger Geist, ich danke dir, dass du mich befähigst, Dinge zu glauben, die ich früher für unmöglich gehalten habe. Jetzt erkenne ich, dass dir nichts unmöglich ist. Du lässt alle Dinge zu meinem Guten mitwirken.

Es gibt nichts in meinem Leben, was du nicht lösen könntest. Also lasse ich los und höre auf, das verändern zu wollen, was ich schon so oft versucht habe zu verändern. Stattdessen werde ich auf deine Treue vertrauen und dich anschauen. Nichts stärkt meinen Glauben mehr als ein Blick in deine Augen. Du bist treu, auch wenn mein Glaube erschüttert wird.

Ich liefere dir meinen Geist, meine Seele und meinen Körper vollständig aus. Alles in meinem Leben untersteht deiner Autorität. Du wachst über dein Wort, es auszuführen. Du bist kein Mensch, dass du lügen könntest, und deine Treue währt ewig.

Tag 89

Gott hat alles im Griff

«Wir wissen aber,
dass alle Dinge in unserem Leben ständig zum Guten mitwirken,
weil wir seine Geliebten sind und er uns berufen hat,
seine Absichten zu erfüllen»
(Römer 8,28; frei nach «The Passion Translation»
aus dem Englischen übersetzt).

Ich ermutige dich, diesen Vers noch einmal mit deinem Geist zu lesen. Ganz gleich, wie du dich gerade fühlst oder wie herausfordernd die Situation in der Welt sein mag – die Verheissungen Gottes sind wahr. Die Absicht seines Herzens ist, dass du dich im Glauben mit dieser mächtigen Wahrheit eins machst: Alle Dinge in unserem Leben wirken ständig zum Guten mit, damit sich Gottes Absichten erfüllen. Selbst wenn viele Dinge für dich im Moment keinen Sinn ergeben, kannst du dich auf diese Wahrheit stützen. Du kannst dich auf die Treue Gottes verlassen und auf seinen Charakter vertrauen.

Er ist das Alpha und das Omega. Er ist der, der die Geschichte des Menschen seinem Willen gemäss vollendet. Er hat einen Plan von A bis Z erstellt und er weiss, wie er ihn in deinem Leben umsetzen wird. Er ist die Wahrheit, er ist der Weg und das Leben. Er lässt ständig alle Dinge in deinem Leben zum Guten mitwirken. Er bringt Situationen in Einklang mit seinem vollkommenen Ratschluss. Er führt seine guten Pläne und Absichten zum Ziel.

Du musst das nicht in deiner eigenen Kraft bewerkstelligen. Alles, was Gott von dir erwartet, ist, dass du ihn beim Wort nimmst und ihm glaubst. Er ist in deinem Leben am Wirken. Sein Heiliger Geist wohnt in dir und baut dich auf, damit du ihn auf dieser Erde widerspiegeln kannst. Du bist für immer Gottes Gegenüber, und er wird dich niemals verlassen.

Mein Herz antwortet:

Herr, du bist Liebe, Freude, Frieden, Güte, Wahrheit und Treue. Alles, was ich brauche, finde ich in dir. Danke, dass du mich in deinen Händen hältst. Du kennst jedes Detail in meinem Leben. Nichts ist vor dir verborgen. Nichts ist für dich zu gross. Du hältst alles zusammen und bringst deine Absichten in meinem Leben zustande.

Meine Fähigkeit, dir zu vertrauen und deinen Worten zu glauben, nimmt zu. Während ich auf deine Anweisungen warte, erfüllst du mich mit der Kraft deines Geistes. Ich stehe jetzt auf, denn ich bin von deiner Liebe und Treue überzeugt.

Ich bete dich an und will in deiner Gegenwart bleiben, mein Leben als lebendiges Opfer vor dir ausgiessen, deine Kraft durch mich fliessen lassen und darauf vertrauen, dass du deine Absichten in meinem Leben erfüllst.

Tag 90

Für immer verändert

«Mach dich auf, mein Geliebter! Eile …
Wir werden in den Balsambergen zusammen tanzen.
Für immer werden wir miteinander eins sein!»
(Hohelied 8,14; frei nach «The Passion Translation»
aus dem Englischen übersetzt).

Der Herr hat dir sein Herz auf besondere Weise offenbart. Als du dich geöffnet hast, um von ihm zu empfangen, wurdest du verändert. Diese Zeit war ein heiliger Moment, der dich auf eine neue Ebene der Herrlichkeit geführt, dir eine andere Dimension seiner Liebe offenbart und dir ein neues Verständnis darüber vermittelt hat, was dir bereits gehört. Du kannst im Licht leben, egal, wie dunkel die Welt ist.

Dies ist die Botschaft des Alten an Tagen an dich: Du wurdest befreit, damit du die Träume seines Herzens erfüllen kannst. Du wächst und vertraust auf seine Liebe, sodass du dich nie wieder fürchten musst. Während du Tag für Tag seine Kraft, seine Gnade und seine Liebe empfängst, wirst du verwandelt. Eine Wahrheit wird dir bewusst, die so tiefgreifend ist, dass all deine Überzeugungen und die Art und Weise, wie du lebst, verändert werden.

Keine Waffe, die gegen dich gerichtet wurde, wird etwas ausrichten können. Du gehörst dem König. Du bist eins mit ihm! Der Feind hat alles getan, was in seiner Macht steht, um dich schlafend zu halten, während die Sorgen dieser Welt dich beladen haben. Doch Jesus sagt: «Das ist vorbei! Wache auf, meine Braut! Stehe fest in meiner Liebe, und sie wird dir Antrieb verleihen. Du hast geschmeckt und gesehen, dass ich gut bin. Du hast die Schätze der Weisheit in deinem Herzen empfangen, und ich habe es gesehen. Du bist für immer verändert!»

Mein Herz antwortet:

Jesus, ich danke dir, dass du meine geistlichen Augen und Ohren geöffnet hast. Du hast den Schleier meines Herzens weggenommen, und ich sehe und höre klarer als jemals zuvor. Du bist gekommen und hast mich frei gemacht. Ich wurde in einer Weise verändert, wie ich es nie für möglich gehalten hätte. Ich stehe jetzt, und ich glaube jetzt.

Ich weiss, du bist für mich, du bist in mir und du umgibst mich. Ich verstehe, dass deine Natur meine Natur ist. Dein Wort hat meine Seele verankert, meinen Weg erhellt und mir Weisheit gegeben. Ich bin deine Braut, dein Schatz, deine Freude. Ich bin dein und du bist mein. Ich bin bereit, mit dir auf die Gipfel der Berge zu steigen und dein Licht leuchten zu lassen. Und ich vertraue deiner Liebe so sehr, dass ich dein Lob auch in der Nacht im Tal singen werde. Du bist bei mir, und ich bin für immer verändert.

Die Autorinnen

Liz Wright ist eine bekannte Autorin und Rednerin sowie die Gründerin der International Mentoring Community. Darüber hinaus ist sie Gastgeberin des Charisma-Podcasts «Live Your Best Life with Liz Wright». Im Jahr 1995 hatte sie eine Begegnung mit Jesus Christus, die ihr Leben radikal veränderte. Seither hat sie Millionen von Menschen auf der ganzen Welt geholfen, das Herz Gottes besser kennenzulernen und seine Liebe persönlich zu erfahren.

Gretchen Rodriguez hat verschiedene Andachtsbücher geschrieben. Ihr Herz schlägt dafür, dass Menschen eine innige Beziehung zu Jesus Christus entwickeln und seine Gegenwart erleben. Sie und ihr Mann waren neun Jahre als Missionare in Puerto Rico tätig und wohnen inzwischen mit ihren drei Töchtern in San Antonio, Texas, USA.